Alex Bernfels

Zeichenschule
für kleine Künstler

christophorus

Inhalt

Über dieses Buch

Das Zeichnen nach einfachen Grundformen ist der Königsweg, um zeichnen zu lernen. Er führt auch kleinere Kinder schnell zu motivierenden Ergebnissen.

Dieses Buch setzt bei den Lieblingsthemen und den Fertigkeiten von Kindern ab vier Jahren an – und nichts weiter voraus als die natürliche Freude am Zeichnen. Mit den Erfolgserlebnissen steigen Eifer und Ehrgeiz der kleinen Künstler. Deshalb führen manche „fortgeschrittene" Übungen auch schon zum detail- und naturgetreueren Zeichnen hin, zu Ansätzen einer perspektivischen Darstellung. Fröhliche Texte knüpfen an das zeichnerische Geschehen an und betten es in das kindliche Erleben ein.

Gestalt, Zeichnung, Farbe

Jede Zeichnung lädt Kinder zum Ausmalen ein: Dem Bild fehlt noch etwas, und zwar die Farbe! Dennoch ist die unausgemalte, „durchsichtige" Zeichnung mit Umrissen und Binnenkonturen eine wichtige Übung zum Sehenlernen. So erkennen kleine Maler die Gestalt eines Motivs; Farben und Details können als weiterer Schritt gleichsam hinzugedichtet werden.

Dabei sehen Kinder in der Zeichnung nur das, was sie so oder ähnlich schon einmal kennengelernt haben. Sie suchen Sinn und Bedeutung in den Strichen, probieren aus und ergänzen, was fehlt: zunächst in der Vorstellung, dann beim Zeichnen selbst.

Schon das Kritzeln des Kleinkindes ist ein Spiel mit den zeichnerischen Möglichkeiten. Das Ergebnis will benannt – und erkannt

und gelobt – werden, auch wenn aus Sicht des Erwachsenen möglicherweise nicht viel zu erkennen ist. Bereits in dieser Phase geht es um das Zusammenspiel von Gehirn, Auge und Hand. Im Nervensystem laufen dabei ungeheuer komplexe und fein vernetzte Vorgänge ab.

Die kindliche Entwicklung geht weiter in Richtung des figürlichen Zeichnens: Zeichnen heißt nun, mit dem Stift Grenzen zwischen Figur und Hintergrund zu ziehen. Die Figur-Grund-Unterscheidung ist eine weitere große Leistung der visuellen Wahrnehmung. In handwerklicher Hinsicht geht es darum, die Striche zielgerichtet gerade oder rund zu zeichnen, jedenfalls nicht über die Begrenzungen hinaus. Die Bewegungsabläufe gehen dabei in Fleisch und Blut über; bewusst ist allenfalls die Vorstellung, worauf die Striche hinauslaufen sollen.

Wie mühsam für Kinder der Weg zum zielgerichteten Zeichnen ist, kann man sich als Erwachsener leicht bewusst machen, wenn man versucht, die zeichnende Hand nur mit dem Blick in einen Spiegel zu führen: Der Wille ist da, doch müssen die Abläufe dauernd konzentriert gesteuert werden. Es braucht Routine, um nicht an der nächsten Kurve aus der Spur zu geraten. Unsere Übungen fangen daher mit einfachen Strichen an, geraden und runden, die in der Wiederholung kontrolliert und dann zunehmend rhythmisch eingeübt werden. Daraus entsteht die beherrschte Leichtigkeit im Schwung – und die Freundschaft mit dem Stift, der nun zu tun beginnt, was der kleine Zeichner will. Schon landen wir bei den ersten Formen: Dingen mit Ecken und Din-

Tipps

gen mit Rundungen. Das sind auch schon die Grundformen für alles, was in der Welt entdeckt und gezeichnet werden kann.

Anstatt beim Zeichnen an irgendeiner spannenden Stelle anzufangen, üben und lernen Kinder, in den einfachen Grundformen die gesamte Gestalt zu sehen. Das fördert neben dem Gespür für Proportionen auch das Verständnis für geometrische Zusammenhänge. Gezeichnet wird von außen nach innen, von der Skizze zum Detail, vom Erfassen der Gestalt zur Ausarbeitung. Die Farbigkeit kommt dann als natürlicher und krönender Abschluss ins Spiel.

Regen Sie die Kinder dazu an, Kreise, Ovale, Dreiecke oder Vierecke in den Dingen um sie herum zu entdecken.

Rhythmische Schwungübungen auf großen Blättern und mit weichen Stiften machen auch dann Spaß, wenn sie nicht in eine figürliche Zeichnung münden.

Kariertes Papier kann schon bei ersten Übungen zu exakten Formen oder Strichen hilfreich sein.

Auch wenn Kinder lieber zum Buntstift greifen: Zunächst sollte mit dem weichen Bleistift gezeichnet werden, der sich auch besser radieren lässt. Für das Ausmalen sind dann Buntstifte oder Wachsmalkreiden zuständig.

Das Wegnehmen von Strichen gehört genauso zum Zeichnen dazu wie das Ziehen eines Striches. Das betrifft nicht nur die Hilfslinien der Grundformen, die später ohnehin verschwinden müssen, sondern auch das Korrigieren von misslungenen Strichen. Ein Knetgummi eignet sich oft besser zum Radieren als der übliche Radiergummi.

Lassen Sie die Kinder ruhig immer wieder ihre Lieblingsbilder zeichnen. Loben Sie viel! Helfen Sie den Kindern über die ersten Klippen hinweg, indem Sie vielleicht auch gemeinsam zeichnen. Das macht Sie unter Umständen auch etwas sattelfester, wenn es heißt: „Papa, mal mir mal ein Pferd!"

Kringelraupe

Die Kringelraupe hilft uns, Kreise und Kurven zu üben. Aus lauter Kringeln werden Kreise, und zum Schluss kriecht eine bunte Raupe über das Papier. Soll sie geradeaus kriechen? Oder soll sie sich schlängeln?

Zum Üben nehmen wir immer ein großes Blatt Papier und einen weichen Bleistift oder einen Buntstift.

Wir zeichnen mal kleinere, mal größere Kringel und dann schöne Kreise. Dabei setzen wir nicht ab, sondern zeichnen jede Reihe in einem Schwung.

Nun stehen die Kreise allein da. Alle sind gleich groß!

Dann geht es drunter und drüber: Wir umfahren die Kreiskurven mit unserem Stift, abwechselnd oben und unten.

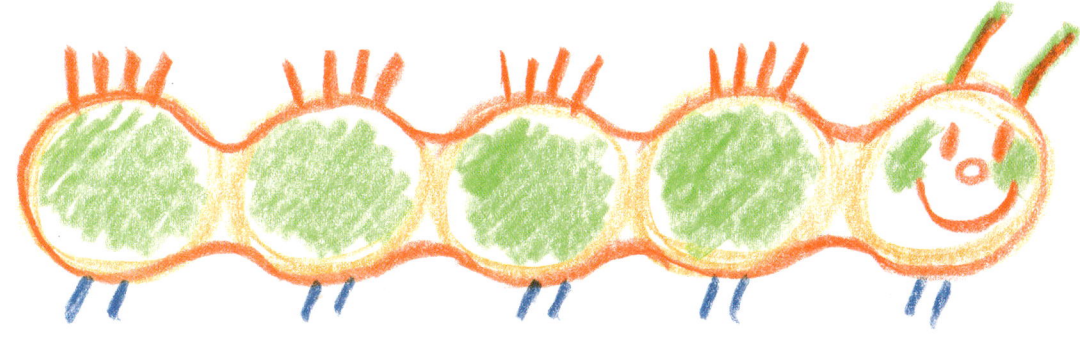

Jetzt übermalen wir die Kurven oben und unten noch einmal kräftig. Da haben wir die Raupe! Innen braucht sie noch Farbe — und außen zwei Fühler, Beinchen, Haare und ein fröhliches Gesicht.

Wenn die Raupe sich schlängeln soll, zeichnen wir die Kreise ein Stück weit übereinander und in einer Kurve. Das probieren wir ein paarmal aus.

Dann zeichnen wir alle Kreise schräg übereinander. Wir fangen vorn beim Kopf an, und jeder Kreis verdeckt den nächsten ein wenig. Dabei macht die Kreisreihe eine Kurve. Nun sehen wir die Raupe von vorn: Sie kommt uns entgegen.

Mit Wachsmalstiften können wir die verdeckten Teile der Kreise übermalen.

Zackenwald

Zick und zack, und alle Striche gerade! Daraus werden Dreiecke. Die sehen zuerst wie Zipfelmützen aus, dann wie ein Wald.

Wir zeichnen Zickzacklinien und passen auf, dass alle Zacken gleich hoch und breit werden.

Hier sind die Striche steiler und die Zacken deshalb spitzer. Mit einer schnurgeraden Linie darunter bekommen wir eine Reihe von Dreiecken — wie die Zipfelmützen der sieben Zwerge. Oder fehlt da noch einer?

Nun zeichnen wir eine zweite Zickzacklinie darüber. Sie ist ein bisschen kleiner als die erste.

Wir malen die hinteren Bäume hellgrün aus und die unteren Dreiecke dunkelgrün. Nun kommen noch die Baumstämme dran. Fertig!

Eckenhund

Zum Zeichnen von geraden Linien und Rechtecken brauchen wir kein Lineal. Beim Üben hilft uns die Leiter: Sie zeigt, wie gerade die Striche geworden sind. Später wird ein schönes Muster daraus.

Wir zeichnen eine liegende Leiter: zuerst zwei lange Linien und dann die Sprossen dazwischen. Der Abstand soll überall gleich groß sein.

Nun malen wir jedes zweite Kästchen aus, sodass neben einem bunten Kästchen immer ein leeres steht. Hier sind alle vier Seiten gleich lang. Solche Vierecke heißen Quadrate.

In einer neuen Leiter malen wir zwei Kästchen nebeneinander aus. Die leeren Kästchen sind wieder Quadrate, die bunten Kästchen sind Rechtecke.

So wird aus ein paar Rechtecken und Dreiecken schnell ein bunter Hund. Fast alle Striche sind gerade. Wie viele Rechtecke und Dreiecke brauchen wir dafür?

Eckenfische

1 Wir zeichnen ein Quadrat und ziehen einen geraden Strich von Ecke zu Ecke. So werden zwei Dreiecke daraus.

2 Jetzt zeichnen wir zwei solche Dreiecke getrennt nebeneinander. Zusammen würden sie wieder ein Quadrat ergeben.

Wenn wir ein kleines und ein großes Dreieck aneinanderzeichnen, haben wir einen Fisch mit Flossen. Nun braucht jeder Fisch nur noch die beiden kleinen Bögen für den Körper, ein Auge und einen Mund. Ausmalen und fertig!

Kugelküken

1 Wir zeichnen zwei Kreise übereinander und üben die Schwünge, bis der Kopf gut auf dem Körper sitzt.

2 Wohin soll das Küken schauen? Dafür zeichnen wir Schnabel und Augen nur an verschiedenen Stellen ein. Alles andere bleibt gleich.

Beim Ausmalen fangen wir mit einem hellen Gelb an und gehen mit einem orangefarbenen Stift darüber. Wenn wir außen dunkler und in der Mitte heller malen, sieht der Kreis kugelig aus. Dann ergänzen wir die Beine und die Wiese.

13

Dackel eckig ...

1 Wir fangen mit einem großen Rechteck an. Das ist der Körper. Daran setzen wir ein kleines Rechteck für den Kopf. Der Hals ist ein Dreieck und für die Beine gehen Striche nach

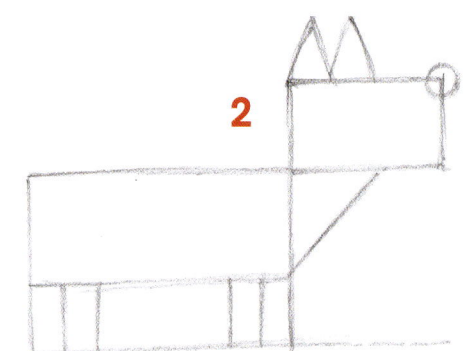

2 Zickzack für die Ohren, eine runde Nase und noch zwei Striche für jedes Bein. Ein langer Strich bildet den Boden.

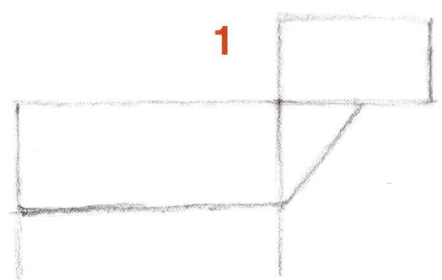

3 Den Schwanz zeichnen wir oben als Bogen und unten mit Zacken. Pfoten, Hinterkopf und Schnauze werden rund. Dann braucht er noch ein Halsband.

Die Umrisse ziehen wir noch einmal in Braun nach. Zum Ausmalen nehmen wir eine hellere Farbe, die wir dunkel übermalen können. Ein paar Stellen lassen wir einfach weiß.

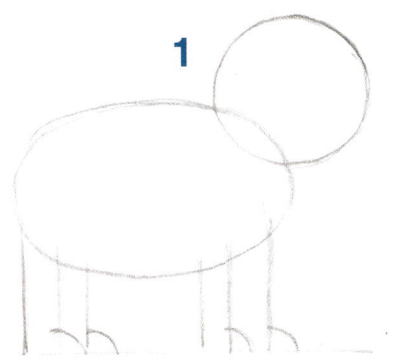

1

... **Katze**

rund

1 Wir zeichnen ein Oval und darauf einen Kreis. Für die Beine brauchen wir vorn und hinten drei Striche, den Boden und die runden Pfoten.

2

3 Die Katze dreht den Kopf etwas zurück. Deshalb zeichnen wir das Gesicht nicht genau in die Mitte. Nun ziehen wir die Umrisse kräftig nach. Rücken und Bauch machen jetzt einen leichten Bogen nach innen.

3

2 Den Schwanz zeichnen wir ein bisschen gebogen und von vorn bis hinten gleich dick. Die Ohren sind Dreiecke.

Diese Katze ist getigert, mit Streifen und hellen Flecken. Ohren, Näschen und Mund malen wir rosa aus. Ganz zum Schluss zeichnen wir mit Bleistift das Schnurrhaar.

Kleine Ente

Jedes Entenküken braucht nur vier Kringel und einen flachen Schnabel. Der zeigt, wohin das Entchen schaut.

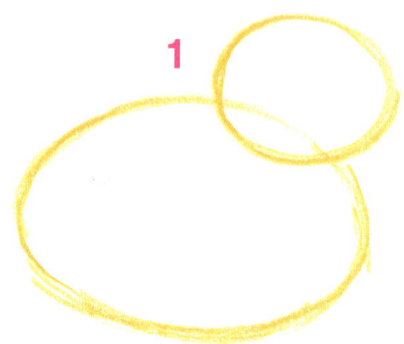

1 Wir fangen mit einem liegenden Ei an. Oben setzen wir einen runden Kopf darauf.

2 Wir zeichnen vorn den Schnabel und das Auge ein. Ein kleines Oval für den Schwanz kommt nach hinten, und ein großes Oval für den Flügel sitzt oberhalb der Körpermitte.

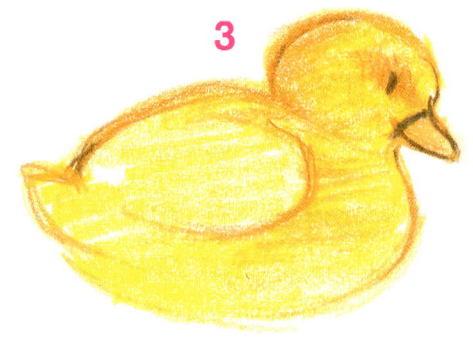

3 Das Entchen malen wir gelb aus. Um das Auge herum, am Schnabel und für die Ränder nehmen wir eine dunklere Farbe.

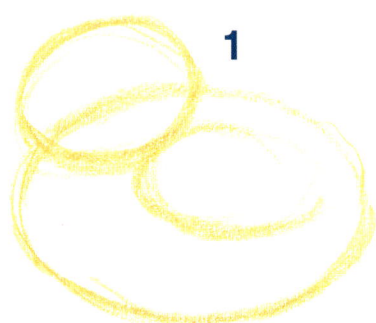

1 Einmal anders herum: Wir fangen an wie oben, aber der Kopf sitzt links und tiefer im Federkleid.

2 Schnabel nach unten und Auge zu: Nun schläft das Entchen.

1

Große Ente

Hier steht Mama Ente in ihrem braunen Federkleid und schaut, was ihre Kleinen drüben machen.

1 Ein großes, liegendes Oval bildet den Körper. An den Strich setzen wir den Kopf.

2

2 Den Hals und die Flügel zeichnen wir in einem Schwung. Die vier Striche unten werden die Beine.

3

3 Der Schnabel ist leicht gebogen. Jetzt braucht die Ente noch ein Auge und Flossen aus Dreiecken. Die Umrisse ziehen wir kräftig nach und wischen die anderen Linien mit dem Knetgummi weg.

Wo Licht auf die Ente fällt, erscheint sie heller. Flügel, Bauch und Beine malen wir deshalb nur leicht aus. Die anderen Stellen bekommen mehr Farbe. Das Hinterteil ist am dunkelsten, weil es ganz im Schatten des Flügels liegt.

Eselchen

Der kleine Esel lässt sich gern streicheln. Er ist gar nicht dumm, nur manchmal bockig! Was ist beim Esel anders als beim Pferd? Der Kopf ist größer, die Ohren sind länger und hinten baumelt ein Quastenschwanz.

1

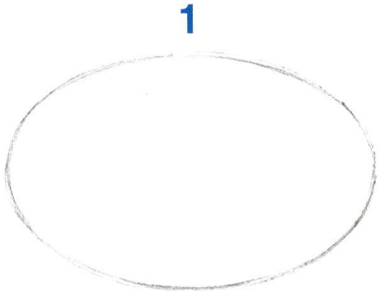

1 Wir zeichnen ein großes, liegendes Ei für den Körper.

2

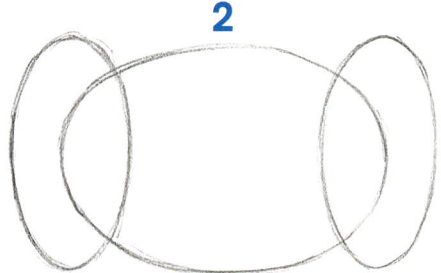

2 Daran setzen wir links und rechts stehende Ovale. Sie werden die Schulter und das Hinterteil.

3

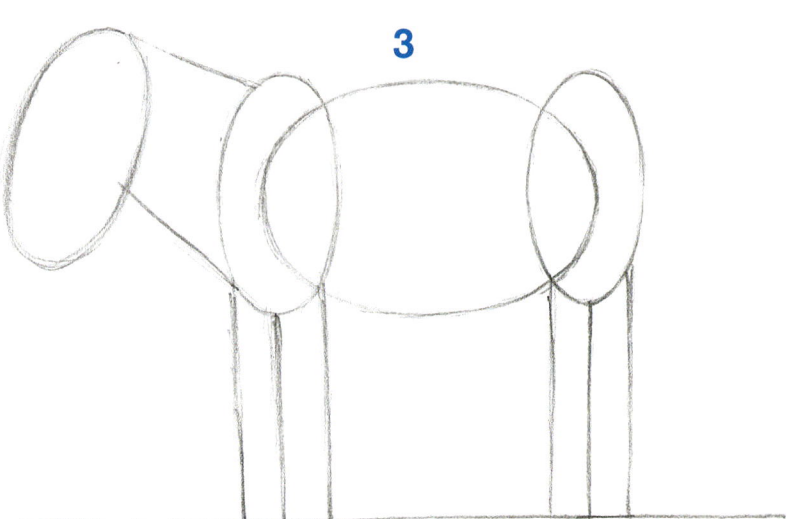

3 Wir hängen lange Striche für die Beine und kurze, schräge Striche für den Hals an die Ovale. Vorn sitzt der Kopf. Fertig ist das Gerüst. Na, das sieht doch schon nach Esel aus!

4

4 Jetzt machen wir die Stirn flach und zeichnen einen Kreis für das Kinn. Die Hinterbeine bekommen einen Knick. Wir ergänzen die Hufe, das Auge, einen Kreis als Nase, die langen Ohren und den Schwanz. Alle wichtigen Linien ziehen wir nach und wischen die anderen mit dem Knetgummi weg.

Das Eselchen wollen wir genau ausmalen: Ein bisschen Rosa kommt vorne an die Ohren. Sonst brauchen wir einen grauen Buntstift. Weiß bleiben nur die Schnauze und der Bauch. Zuerst stricheln wir das graue Fell ganz leicht und hell. Da, wo Schatten sind, malen wir mit kräftigen Strichen darüber. Dabei halten wir den Stift flach, damit das Fell glatt wird.

Häschen

Häschen hüpft nicht. Es wartet, bis wir mit dem Zeichnen fertig sind. Mit ein paar Ovalen geht das schnell!

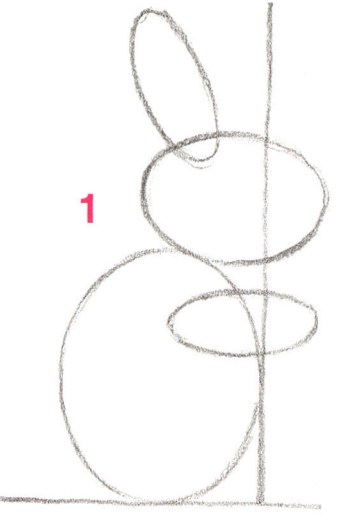

1 Wir zeichnen ein großes Ei in eine Ecke. Darauf liegt ein kleineres Ei für den Kopf. Auf den Kopf kommt ein schmales Oval für das Ohr und an den Bauch ein Oval für die Pfote.

2 Ein zweites Ohr kommt dazu; darunter sitzt das Auge. Wir zeichnen ein Schwänzchen und die Hinterpfote. Zwei kleine Ovale werden Vorderpfote und Schnauze. Der Rücken wird flacher, das Kinn gerader. Wenn die Hasenlinien schön kräftig sind, radieren wir die Vorzeichnung weg.

Beim Ausmalen lassen wir den Bauch, die Schnauze und das Schwänzchen weiß. Wir stricheln den Rand des Schwänzchens und zeichnen zum Schluss Mund, Nase und Hasenbart.

Hamster

Unser Hamster ist ein richtig rund-
licher Geselle! Wenn er so auf seinem
Hintern hockt und futtert, sind die
Backentaschen randvoll.

1 Wir zeichnen ein großes, halbes
Ei für den Körper. Ein kleineres Ei
bildet den Kopf. Die Ovale für die
Backen und die Ohren stehen schief.
Der Hamster dreht sich nämlich ein
bisschen zur Seite.

2 Die Augen und das Näschen
stehen auch ein wenig schräg, der
linke Arm wird größer. Der Hamster
bekommt winzige Finger und etwas
zum Knabbern. Wir ziehen die Linie
des Kopfes mitsamt den Hamster-
backen nach. Die geraden Striche
beim Körper zeichnen wir ein
wenig runder.

Beim Ausmalen bleiben der Bauch und die Backen weiß. Das
Fell malen wir an den Rändern dunkler. Dadurch bekommt der
Hamster eine schöne runde Form. Zum Schluss malen wir die
Augen schwarz und lassen dabei einen kleinen Punkt weiß.

Meerschweinchen

Mit seinem flauschigen Fell ist das Meerschweinchen dick
und rund wie ein pelziges Ei. So zeichnen wir es auch.

1

1 Wir zeichnen ein liegendes Oval
für den Körper. Für den Kopf brauchen wir ein kleineres Oval. Es sitzt
vorn und etwas oberhalb der Mitte.

2

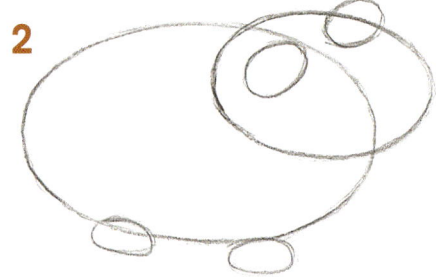

2 Unten zeichnen wir zwei kleine
Ovale für die Füße und oben zwei für
die Ohren. In dieser Zeichnung sehen
wir das Meerschweinchen schräg von
oben. Deshalb sitzen die Ohren auch
schräg auf dem Kopf.

3

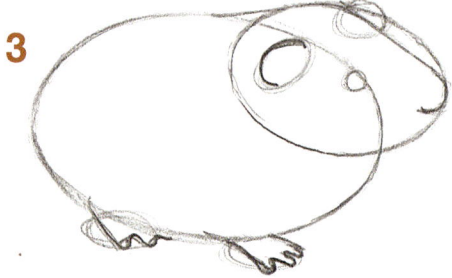

3 Wir zeichnen die Zehen ein und
ergänzen das Auge. Nun können wir
das Meerschweinchen schon umran-
den. Dabei zeichnen wir die Stirn
flacher, dann schaut das obere Ohr
ein klein wenig weiter heraus. Näschen einzeichnen und die Hilfslinien
mit dem Knetgummi wegwischen!

Beim Ausmalen lassen wir am Körper
weiße Streifen frei. Das Fell stricheln
wir zuerst hellbraun und malen dann an
manchen Stellen dunkelbraune Striche
darüber. Die Pfötchen werden rosa.
Im Auge lassen wir ein weißes Pünktchen stehen. Zuletzt fahren wir die
Umrisse mit dem Buntstift nach.

Schmetterling

Warum heißen Schmetterlinge auch Falter? Weil sie die Flügel so zusammenfalten können, dass sie genau aufeinanderliegen. Ausgebreitet sehen die Flügel auf beiden Seiten gleich aus.

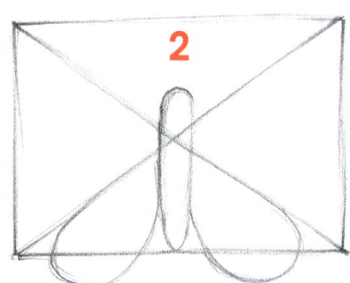

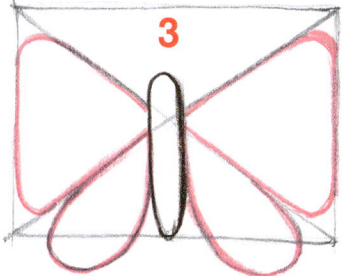

1 Wir zeichnen ein liegendes Rechteck. Das teilen wir genau in der Mitte mit zwei Linien.

2 Den Körper zeichnen wir als stehendes Oval in die Mitte. Die kleinen Flügel sitzen links und rechts unten.

3 Die großen Flügel zeichnen wir in die obere Hälfte. Dann fahren wir Flügel und Körper kräftig nach. Die Hilfslinien radieren wir weg.

Jetzt können wir die Muster einzeichnen und alles in fröhlichen Farben ausmalen. Den Körper füllen wir braun aus, die Fühler und das Gesicht zeichnen wir zum Schluss mit einem schwarzen Buntstift.

23

Eidechse

Die Eidechse schillert so schön! Aber wohin mit dem langen Eidechsenschwanz? Wir zeichnen ihn gebogen, damit alles auf einem Blatt Platz hat.

1 Wir zeichnen ein großes, liegendes Rechteck und teilen es mit zwei Linien in vier Felder ein. Die obere Hälfte ist größer als die untere!

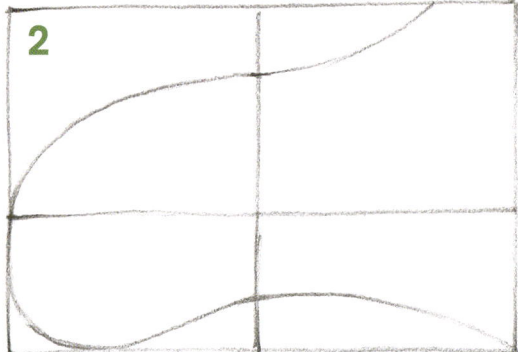

2 Nun sehen wir, wo der Rücken anfängt und wie sich der Schwanz in jedem Feld biegt.

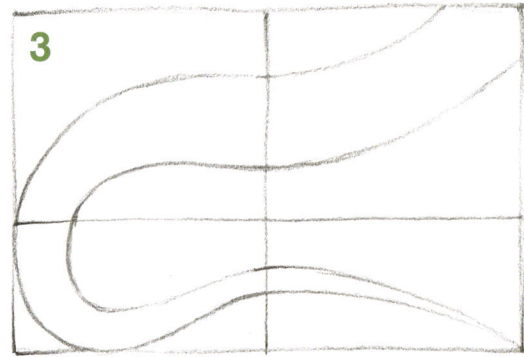

3 Wir brauchen eine zweite gebogene Linie für Körper und Schwanz. Achtung: Zuerst ist der Abstand breit, dann wird er nach unten zur Spitze hin immer dünner.

4 Wir zeichnen die Schrägen und die Rundungen für den Kopf in Grün. Die Ovale sind die Grundformen für die kurzen Beinchen.

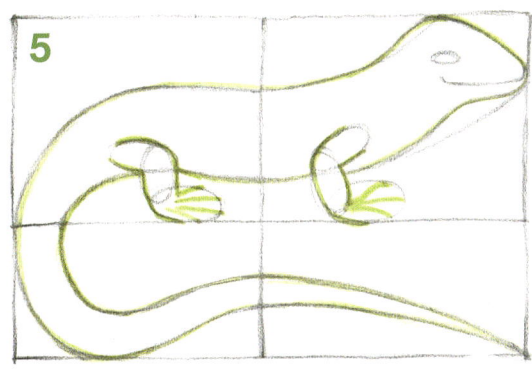

5 Wir zeichnen Zehen an die Beine und fahren die Umrisse der Eidechse nach. Nun fehlen noch das Auge und der Mund. Hilfslinien, die wir nicht mehr brauchen, wischen wir weg.

Wir malen die ganze Eidechse gelb aus — nur die Kehle bleibt erst einmal weiß, auch wenn wir kräftig mit Grün über das Gelb malen. Der Bauch bleibt gelb. Die Kehle färben wir jetzt ganz leicht blau. Das gibt ein schönes Farbenspiel.

Pony

Nein, ein Pony hat kein Ei als Körper! Trotzdem fangen wir mit einem Oval an: So können wir Rücken und Bauch leichter zeichnen.

1 Wir zeichnen ein großes Oval für den Bauch und zwei Striche für den Hals. Das kleine Oval für den Kopf zeigt nach unten.

2 Für die Beine zeichnen wir vorn und hinten drei Striche. So steht ein Bein vor dem anderen. Unten ziehen wir eine Linie für den Boden. Nun ergänzen wir einen kleinen Kreis unten am Kopf und zeichnen die Ohren.

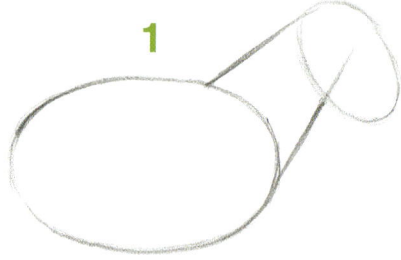

3 Das große Oval hilft uns dabei, die Bögen für den Rücken und den Bauch richtig zu zeichnen. Auch der Schweif ist gebogen. Jetzt zeichnen wir dem Pony noch Hufe und ein Auge.

Wir ziehen die Linien fest nach und malen alles aus. Nur der Bauch und die Blesse bleiben weiß. Zum Schluss stellen wir das Pferdchen auf eine grüne Wiese.

Kuh

Kühe haben einen geraden Rücken.
Deshalb zeichnen wir zuerst einen
Kasten und dann alles andere dazu.

1 Wir zeichnen einen großen Kasten,
stellen ihn auf die Beine und ziehen
unten eine Linie für den Boden. Der
kurze Strich links oben zeigt, wo
gleich der Kopf hinkommt.

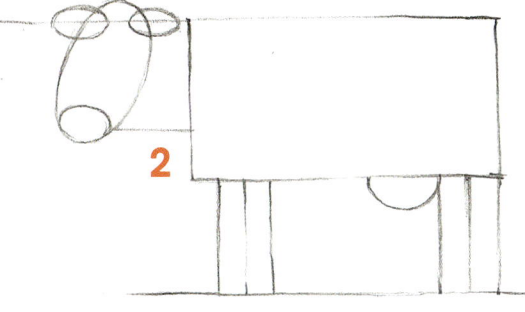

2 Der Kopf ist ein schräges Oval
und das Euter ein halber Kreis.
Ohren und Schnauze zeichnen wir
als kleine Ovale.

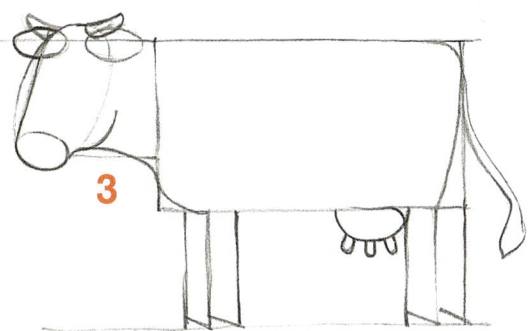

3 Jetzt runden wir die Ecken ab.
Dann fehlen noch Schwanz, Zitzen,
Hufe und Hörner. Wir fahren die
Umrisse kräftig nach und wischen
alle Linien weg, die wir nicht mehr
brauchen.

Im Fell malen wir nur
ein paar Flecken aus.
Das Auge, Hörner und
Hufe malen wir dunkel-
braun, das Euter rosa und
das Gras natürlich grün.

Haus ...

1

1 Wir zeichnen ein Rechteck und teilen es mit einem Strich in ein breites und ein schmales Rechteck.

Die meisten Gebäude haben nur gerade Linien. Wir zeichnen die Teile wie Bauklötzchen nebeneinander und aufeinander.

2

2 Auf das schmale Rechteck zeichnen wir ein Dreieck für den Dachgiebel. Das Dach über dem großen Rechteck wird genauso hoch wie der Giebel. Am Ende hat das Dach die gleiche Schräge wie der Giebel. Jetzt brauchen wir noch die Tür und rechts zwei Fenster.

Von rechts scheint die Sonne auf das Haus. Dadurch liegt die Giebelseite im Schatten, und wir malen das schmale Rechteck und das Dreieck dunkler aus als das Rechteck mit dem Dach. Die Mauerkanten, den Türrahmen und die Fensterrahmen ziehen wir kräftig nach und ergänzen die Fenstersprossen. Zum Schluss malen wir Tür und Fenster aus und die Wiese.

... und Kirche

1 Wir zeichnen ein Rechteck. Darauf setzen wir ein schmales Rechteck für das Dach. Daneben steht ein schmales, langes Rechteck für den hohen Kirchturm.

2 Wir setzen ein Dreieck als Dach auf den Turm. Links wird das Dach schräg. Für die Fenster ziehen wir unten einen geraden Strich, damit alle gleich hoch sitzen. Auf den Strich zeichnen wir lange, schmale Bogen.

Nun fehlt noch die Uhr auf dem Kirchturm. Rund um die Uhr und die Fenster malen wir alles gelb aus. Das Dach wird rot. Die untere Dachlinie und die Fensterrahmen ziehen wir Blau nach. Zum Schluss stricheln wir die Fenster ganz leicht. Das sieht dann aus wie Glas. Ein grüner Strich für den Boden — fertig!

29

Auto

Beim Auto müssen alle Teile an der richtigen Stelle sitzen. Ein vierecki-ger Rahmen hilft uns beim Einbauen.

1 Wir beginnen mit einem liegenden Rechteck und zeichnen zwei gerade Linie hinein.

2 Wir teilen das Rechteck in der Mitte durch. Unten setzen wir die Räder hin.

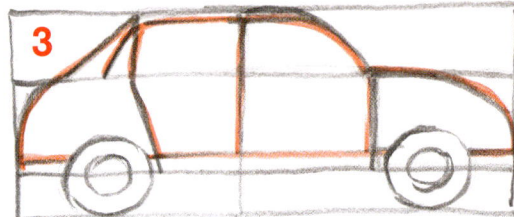

3 Jetzt zeichnen wir die Motor-haube, das Dach, das Heck und die Türen. Wir fahren die Umrisse kräf-tig nach und radieren die anderen Linien weg. Radkappen dran, fertig!

Wir lackieren das Auto in unserer Lieblingsfarbe. Die Fenster stricheln wir mit schrägen Strichen in Blau: Das sieht aus wie Glas. Für die Reifen und den Unterboden des Autos nehmen wir einen grauen Buntstift oder den Bleistift.

Lieferwagen

Ein Lieferwagen braucht Platz für die Fracht! Er ist viel höher als ein Personenwagen. Deshalb zeichnen wir jetzt einen höheren Rahmen als beim Auto.

1 Wir zeichnen ein großes Rechteck, teilen es in der Mitte und zeichnen eine lange Linie für den Autoboden.

2 Der Lieferwagen hat recht große Räder. Oben zeichnen wir den Strich für die Motorhaube.

3 Wir runden die Motorhaube vorn etwas ab. Dann kommen das Führerhaus und die Radkappen dazu. Wir fahren die Umrisse kräftig nach und wischen die Linien des Rahmens weg.

Beim Ausmalen drücken wir nicht überall gleich fest an, sondern lassen an manchen Stellen das Papier durchschimmern. Dann glänzt der Lack! Das Fensterglas malen wir blau, die Reifen schwarz und grau.

Feuerwehrauto

Knallrot wird das Feuerwehrauto! Doch vorher müssen wir wissen, wo die Räder, das Fahrerhaus und die Leiter sitzen. Ein Rahmen mit sechs Feldern hilft uns dabei.

1

2

1 Wir zeichnen ein Rechteck und teilen es mit zwei langen, geraden Linien ein. Eine Linie quer dazu teilt das Fahrerhaus ab.

2 Wir zeichnen unten links ein Rad und oben die schräge Windschutzscheibe. Unten rechts zeichnen wir die Zwillingsräder.

3 Zwischen die Räder zeichnen wir die Schutzbleche. Oben rechts brauchen wir ein kleines Rechteck, einen kurzen, schrägen Strich und die langen Linien für die Leiter.

3

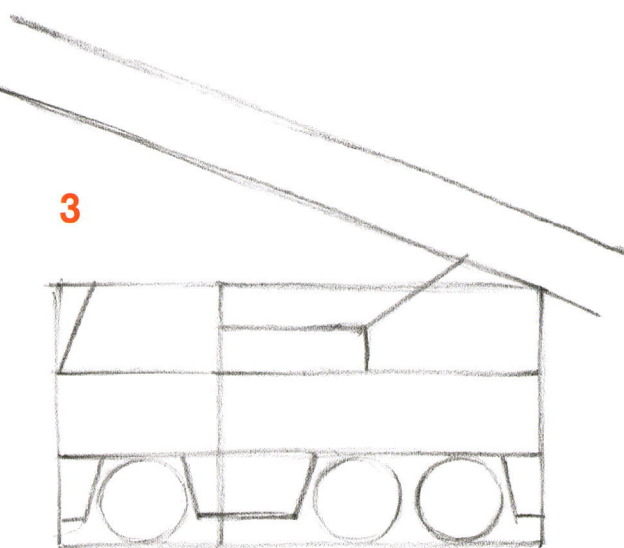

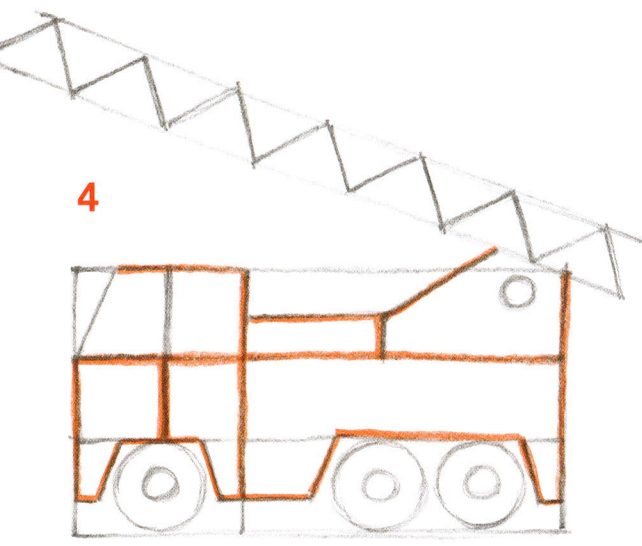

4 Wir zeichnen die Streben für das Geländer in die Leiter: eine gleichmäßige Zickzacklinie. Hinten zeichnen wir den Drehpunkt unter die Leiter. In die Räder setzen wir kleine Kreise für die Felgen, und ein Strich wird die Tür vom Fahrerhaus. Jetzt können wir die Umrisse schon kräftig in nachzeichnen. Wir wischen die dünnen Hilfslinien weg.

Jetzt malen wir das Auto rot aus. Mit einem hellblauen Stift ziehen wir die Leiter nach, malen die Fenster und Felgen an und zeichnen das Blaulicht auf das Dach. Die Reifen, den Drehpunkt für die Leiter und die Stoßstange malen wir mit einem schwarzen Stift.

Feuerwehrmann

Der Feuerwehrmann hat es eilig! Im Laufschritt marschiert er los, und wir müssen gut darauf achtgeben, wie er seine Arme und Beine bewegt.

1 Wir zeichnen ein Rechteck und teilen es ein: mit einer Linie in der Länge und zwei Linien in der Breite. Jetzt haben wir einen Rahmen mit sechs Feldern.

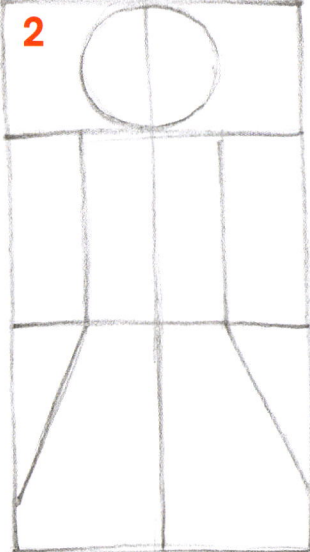

2 Oben zeichnen wir den Kopf genau in die Mitte. Das Rechteck in den mittleren Feldern wird der Rumpf, und unten ist Platz für die Beine.

3 Wir zeichnen Arme und Beine ein – und schon dreht sich der Feuerwehrmann zur Seite und fängt an zu laufen! Die Schuhe und die vordere Hand ragen ein wenig über den Rahmen hinaus.

4 Wir zeichnen den Gürtel. Am Kopf hilft uns der Querstrich, Gesicht und Helm richtig zu zeichnen. Hinten macht der Helm einen Bogen und schützt den Nacken.

5 Jetzt zeichnen wir die Nase, das Auge und den linken Daumen. Dann fahren wir die Umrisse vom Körper, dem Gesicht und dem Helm kräftig farbig nach. Mit dem Knetgummi wischen wir die Hilfslinien weg.

Jetzt fehlt noch das Kinnband, bevor wir alles ausmalen. Für das Gesicht und die Hände nehmen wir einen rosa Stift. Wenn wir beim Helm einen kleinen weißen Kreis stehen lassen, sieht er schön kugelig aus.

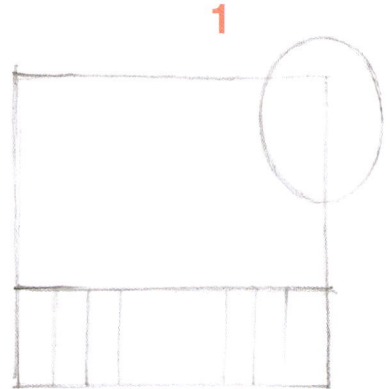

1

Schäfchen

Ein kleines Schaf hat noch nicht viel Wolle und steht ein wenig staksig auf den Beinen. Aber neugierig ist es!

1 Wir zeichnen ein Quadrat. Etwas unterhalb der Mitte teilen wir es gerade durch. Der obere Kasten wird der Körper, in den unteren zeichnen wir die Beine. Oben rechts ergänzen wir das Oval für den Kopf.

2

3

2 Oben verlängern wir den Kasten mit einem Strich nach rechts. An diese Kante schmiegen sich dann die Ohren. Die Nase kommt auch dazu. Die Ecken am Körper runden wir ab.

3 Wir verstärken die Linien außen. Dabei zeichnen wir auf dem Kopf und rund um den Körper kleine Hügel für das lockige Fell. Jetzt fehlen dem Schaf nur noch Augen und Mund. Die Hilfslinien wischen wir mit dem Knetgummi weg.

Ein weißes Schäfchen braucht wenig Farbe: Rosa für Nase und Ohren und ein wenig Grau. Für Gesicht und Beine nehmen wir etwas Gelb. Die Wiese dürfen wir auch nicht vergessen.

Schäfer

Mit seinem Umhang ist der Schäfer ganz einfach zu zeichnen. Wir brauchen am Anfang nur ein Rechteck, zwei Dreiecke und einen Kreis.

1
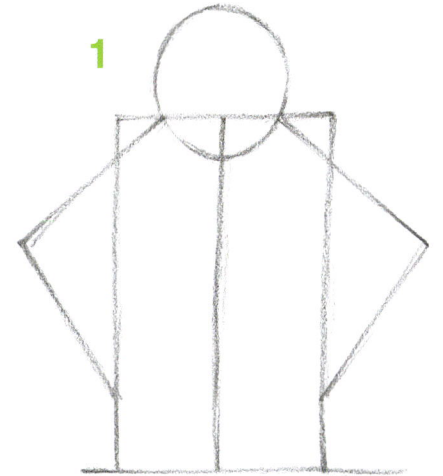

2
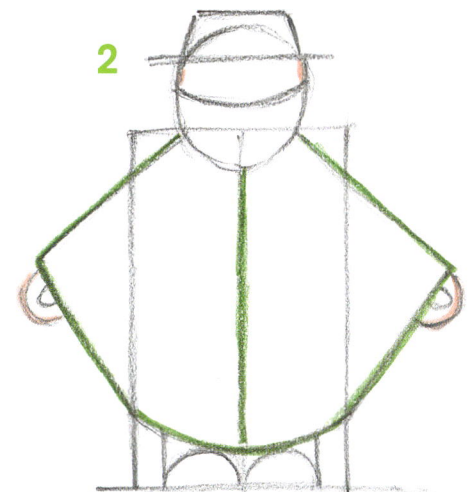

1 Wir zeichnen ein Rechteck mit einem Strich in der Mitte, an das Rechteck den Kreis für den Kopf und die Dreiecke für den Umhang.
2 Unten schließen wir den Umhang mit einem Bogen und zeichnen die Füße. Auf den Kopf kommt der Hut, und an den Ecken sitzen die Hände. Ein flacher Bogen teilt den Kopf und zeigt, wo der Bart anfängt. Nun fahren wir den Schäfer kräftig nach. Die anderen Linien wischen wir weg.

Wir geben dem Schäfer noch seinen Stab und malen alles aus. Das Gesicht ist hell, Nase, Augen und Bäckchen sind rot und braun. Für den Mund reicht ein dünner Bleistiftstrich!

Eule

Still hockt die Eule auf dem Ast und starrt in die Nacht. Sie hat scharfe Augen und kann viel mehr hören als ein Mensch. Von vorn sind Eulen ganz einfach zu zeichnen: als Ei mit Augen, Schnabel, Krallen und Federn.

1

2

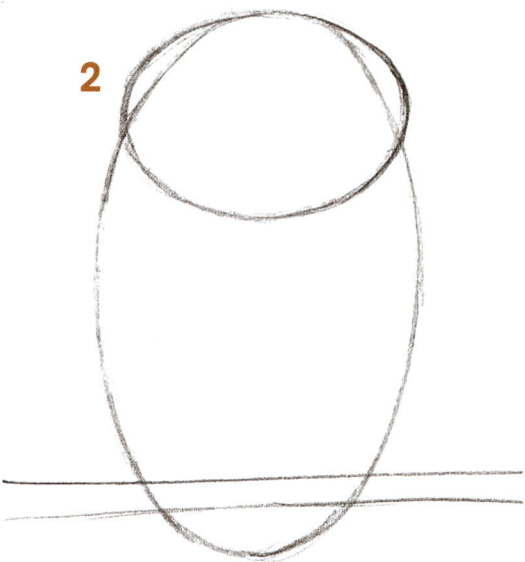

1 Wir zeichnen ein großes, lang gezogenes Ei.

2 Unten zeichnen wir einen Ast, oben ein liegendes Ei hinein.

3 Jetzt kommen zwei Kreise für die Augen und ein Dreieck für den Schnabel dazu. Ein Rechteck bildet unten den Schwanz.

3

4 Wir zeichnen die Augen, die Federohren, die Flügel, die Krallen und die Schwanzfedern. Die Kurven für die Schultern gehen in der Eiform etwas nach innen. Die wichtigen Linien zeichnen wir kräftig nach und radieren die Hilfslinien weg.

Die Eule malen wir kräftig mit Braun, Gelb und Orange aus. In den schwarzen Augen lassen wir ein weißes Glanzlicht stehen. Jetzt zeichnen wir die Strahlen rings um die Augen und die kleinen Bögen am Bauch. Die Eule ist ein Nachtvogel, deshalb ummalen wir die Eule mit Dunkelblau.

Rehkitz

Bei Tierkindern sind der Kopf und die Augen immer recht groß. Dieses Reh ist wirklich noch sehr klein, keine drei Monate alt, denn es hat noch die hellen „Bambi-Flecken" auf dem Rücken.

1 Wir zeichnen einen Kasten und teilen ihn in der Mitte.

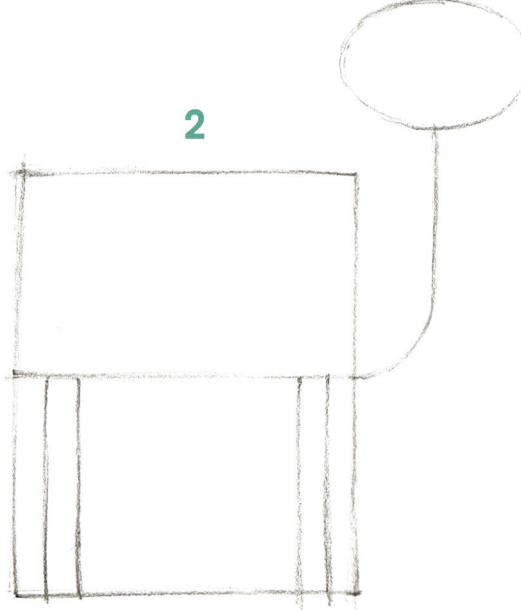

2 Von der Mitte aus ziehen wir die gebogene Linie für den Hals. Daran sitzt ein liegendes Oval für den Kopf. Unten im Kasten zeichnen wir die Striche für die Beine vor.

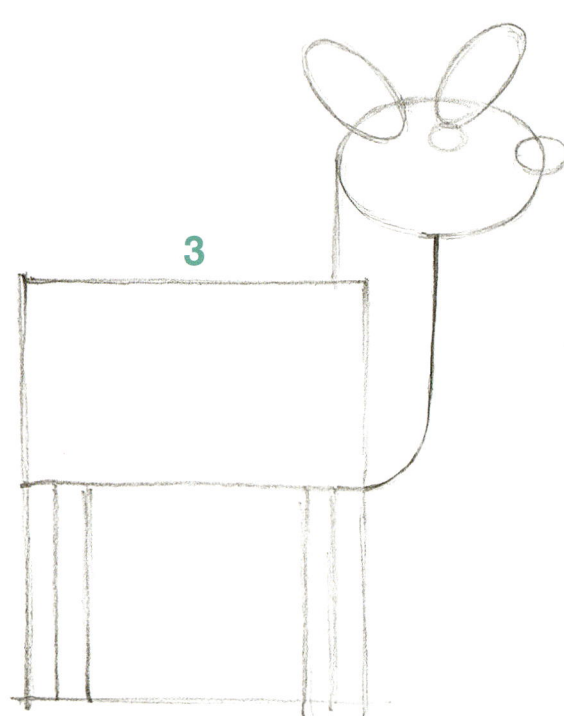

3 Wir zeichnen Ovale für Ohren, Auge und Nase. Der Nacken ist noch ein gerader Strich. Aber das Rehkitz darf natürlich nicht so eckig bleiben!

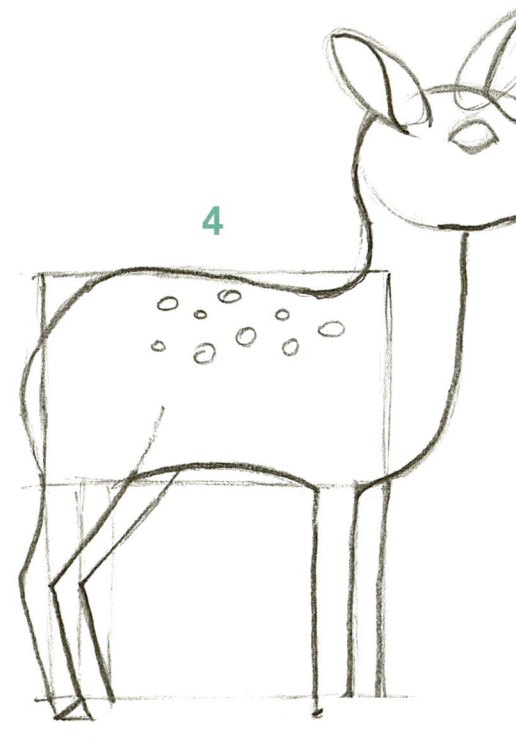

4

4 Aus den geraden Hilfslinien zeichnen wir an den richtigen Stellen Bögen und Kurven: am Nacken, an der Stirn und an den Ohren. Die Hinterbeine bekommen einen Knick, und auf dem Rücken zeichnen wir Kringel ein. Nun ziehen wir die Umrisslinien kräftig nach und wischen die Hilfslinien weg.

Die Kringel, der Bauch und das Kinn bleiben weiß. Ansonsten malen wir das Fell hellbraun und rotbraun aus. Die Hufe, die Nase und das Auge werden dunkel. In dem großen Auge lassen wir ein weißes Pünktchen stehen. Die hellen Pünktchen im Auge nennt man Glanzlichter, weil Augen immer feucht sind und im Licht glänzen. Zuletzt malen wir noch eine grüne Wiese.

Tannenbaum

Kreis oder Dreieck? Wenn wir einen Tannenbaum zeichnen möchten, fangen wir mit einem Dreieck an und geben ihm ein grünes Nadelkleid.

1 Wir zeichnen ein spitzes Dreieck und teilen es in Stockwerke auf.
2 Wir zeichnen ein Rechteck für den Stamm und verbinden die Stockwerke mit kurzen Schwüngen. Das Dreieck radieren wir aus.

Den Tannenbaum malen wir hellgrün aus und lassen dabei in der Mitte einen Streifen weiß. Dann stricheln wir in Dunkelgrün das Nadelkleid darüber. Die Umrisse ziehen wir auch dunkelgrün nach, und der Stamm wird dunkelbraun.

Den Laubbaum fangen wir mit einem Kreis an. Wir malen mehrere Tannen- und Laubbäume, dann haben wir einen Wald.

Laubbaum

1 Wir zeichnen ein Rechteck unter einen großen Kreis.

2 In den Kreis zeichnen wir ringsherum Wellenlinien, die wir kräftig nachziehen. Der Stamm wird jetzt gebogen. Alles andere radieren wir mit dem Knetgummi weg.

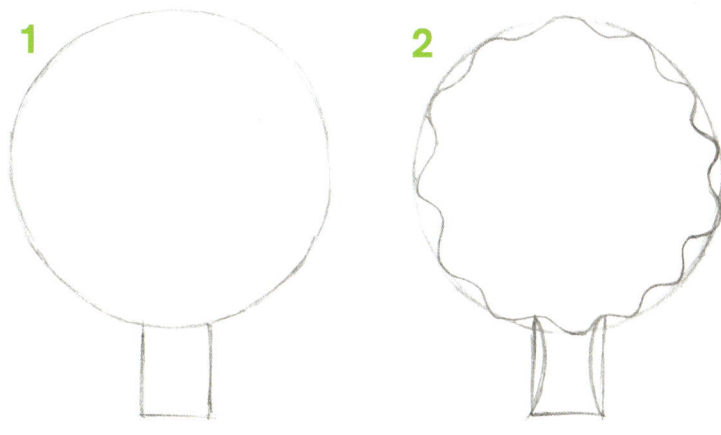

Die Krone malen wir zuerst mit einem hellgrünen Buntstift an. Dann zeichnen wir mit Dunkelgrün darüber, aber nur in der linken Hälfte und am Rand. Mit dem hellen Fleck wirkt die Krone schön rund. Den Stamm malen wir zuerst hellbraun an, dann dunkelbraun und lassen in der Mitte einen hellen Streifen.

Teddy

Lauter Kreise und Ovale: Beim Teddy ist von Kopf bis Fuß alles rund.

1

2

1 Wir zeichnen ein Oval für den Kör-per und darauf einen Kreis. An den Körper setzen wir lange Ovale für die Arme und kurze für die Beine.

2 Wir zeichnen die Ohren, das Ge-sicht, die Tatzen und die Ovale für die Füße. Nun können wir die Umrisse kräftig in Braun nachfahren. Wir wi-schen dann die Hilfslinien weg.

Die Vordertatzen werden rosa, die Schnauze wird hellbraun. Alles andere malen wir zuerst ganz leicht braun aus. Dann malen wir noch einmal kräftig über die Stellen an den Rändern, die dunkler werden sollen. Auf der Nase lassen wir einen kleinen weißen Punkt ste-hen, und am Schluss zeichnen wir Nähte auf die Tatzen.

Zwerglein

Zwei Kreise, ein Dreieck und noch ein paar Striche: Schon steht der Zwerg da und wartet darauf, dass wir ihm ein schönes Hemd malen!

1
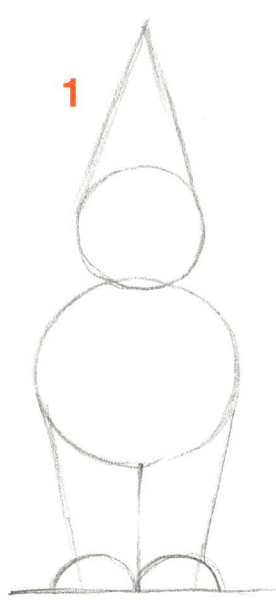

2

3

1 Wir zeichnen einen großen Kreis für den Bauch und einen kleineren für den Kopf. Oben zeichnen wir die spitze Mütze. Unten kommen die Beine und Füße dazu.

2 Den Zipfel der Mütze klappen wir mit einem Dreieck um. Dann zeichnen wir die Bögen für die Arme, die Latzhose und die Hosentaschen.

3 Wir ergänzen die Ohren, das Gesicht, Hosenträger und Knöpfe. Dann fahren wir die Linien, die wir noch brauchen, kräftig nach. Alles andere radieren wir weg.

Das Hemd bekommt rote Striche für das Karomuster. Den Rest malen wir ganz aus. Zuletzt malen wir das Gesicht und zeichnen die Haarbüschel ein.

45

Sonne ...

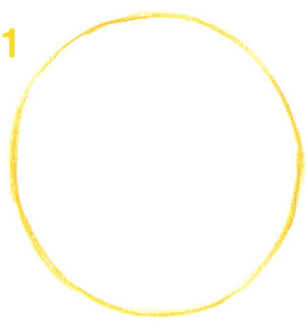

1 Wir zeichnen einen gelben Kreis. Es macht nichts, wenn er nicht ganz rund ist!

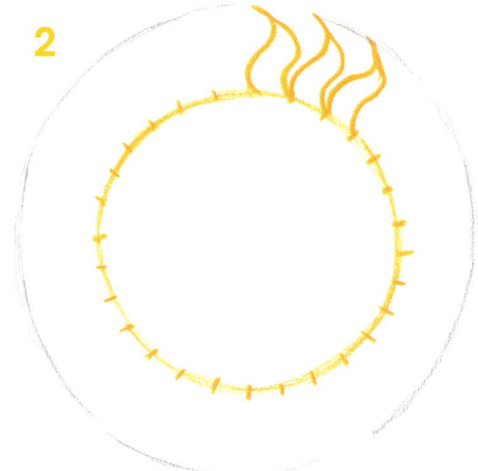

2 Außen herum zeichnen wir ganz dünn einen zweiten Kreis. Den inneren Kreis teilen wir mit kurzen Strichen auf. Dann zeichnen wir rundherum die Flammen der Sonnenstrahlen ein. Die Spitzen enden am äußeren Kreis. Danach radieren wir den äußeren Kreis weg.

Wir malen die Sonne und ihre Strahlen gleichmäßig gelb aus. Mit einem roten Buntstift zeichnen wir das Gesicht ein und übermalen den Rand des Sonnenkreises und der Flammen.

... Mond und Sterne

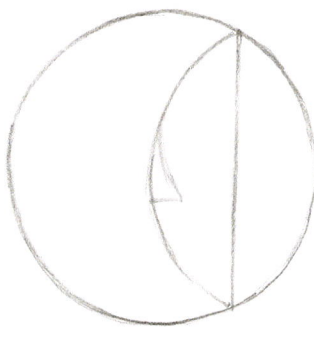

Wir zeichnen einen Kreis und teilen ein Stück davon mit einer geraden Linie ab. Links davon zeichnen wir einen Bogen. In die Mitte kommt ein kleines Dreieck für die Nase.

Wir fahren den Mond außen mit einem roten Buntstift nach. Die Bleistiftlinien radieren wir weg. Nun malen wir den Mond gelb aus und zeichnen Auge und Mund ein.

1

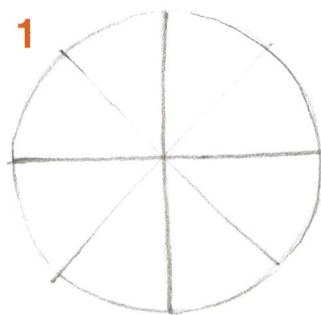

2

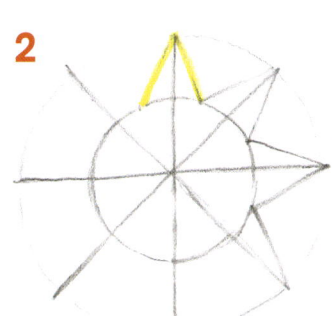

1 Wir zeichnen einen Kreis und teilen ihn mit vier Strichen auf, die immer durch die Mitte gehen.

2 In den großen Kreis zeichnen wir einen kleineren. Nun können wir die gelben Zacken regelmäßig einzeichnen, ziehen sie kräftig nach und wischen alle anderen Linien weg.

Wir malen den Stern gelb aus. Mit dem roten Buntstift zeichnen wir das Gesicht ein und ziehen die Umrisse nach.

Erdbeere

Die Erdbeere ist süß und saftig, rot und rund — aber nicht ganz rund. Mit ihrer kleinen Delle und der grünen Blätterkrone oben hat sie eine ganz eigene Form.

1

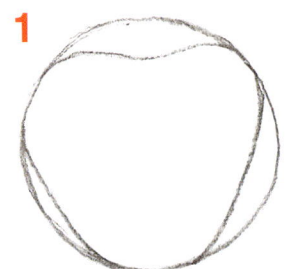

1 Wir zeichnen einen Kreis. In den Kreis zeichnen wir ein abgerundetes Herz. An den Seiten und unten fahren wir den Kreis dabei ein Stück weit nach. Oben ist die Erdbeere eingebeult, an den Seiten gerade.

2

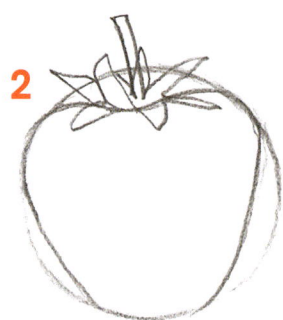

2 Auf die Delle setzen wir die kleinen Blätter und den Stiel.

3

3 Die Umrisse zeichnen wir mit einem roten und grünen Stift kräftig nach und zeichnen mit einem gelben Stift kurze Striche für die Samenkörner. Die Bleistiftlinien wischen wir mit dem Knetgummi weg.

Beim Ausmalen geben wir gut acht: Nicht mit Rot über die gelben Samenkörner malen, sonst verschwinden sie! Oder sie werden orange, wenn sich Rot und Gelb vermischen. Den Stiel und die Blätter malen wir grün aus.

Apfel und Birne

Jeder erkennt einen Apfel und eine Birne an ihrer Form. Beide zeichnen wir mithilfe von Kreisen; ein Kreis für den Apfel, zwei Kreise für die Birne.

Wir zeichnen einen Kreis. Oben zeichnen wir eine Grube hinein und unten eine flache Stelle – damit der Apfel nicht umfällt!

Den Stiel und die Umrisse zeichnen wir mit dem braunen Stift. Dann bekommt der Apfel eine gelbe und eine rote Hälfte. In der Mitte geht das Rot in das Gelb über: An dieser Stelle zeichnen wir rote Striche hinein. Den Rand der gelben Seite zeichnen wir auch mit Rot nach.

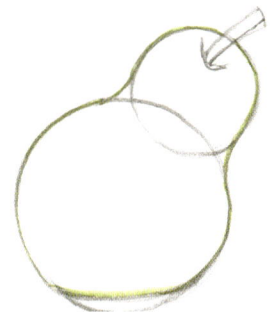

Wir zeichnen einen Kreis und setzen einen kleineren Kreis darauf. Er darf etwas schief stehen. Nun verbinden wir den großen mit dem kleinen Kreis und fahren die Umrisse kräftig nach. Unten machen wir die Birne ein wenig flacher. Oben zeichnen wir ein Grübchen ein.

Wir malen die ganze Birne gelb an. Mit einem grünen Stift malen wir am Rand darüber. An der Delle rechts, und um den Stiel herum und am dicken Ende drücken wir kräftiger auf. In der Mitte ziehen wir grüne Striche ins Gelb hinein. Der Stiel wird braun.

Kleiner Elefant

Der Elefant ist noch ganz klein. Er hat keine Stoßzähne, die wachsen ihm erst, wenn er größer ist. Aber einen starken Rüssel zum Greifen hat er schon!

1

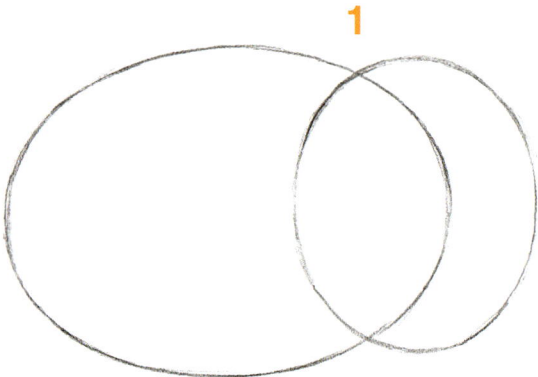

1 Wir zeichnen ein liegendes Oval für den Körper. Halb hinein setzen wir ein aufrechtes Oval, das fast schon ein Kreis ist. Das wird der Kopf.

2

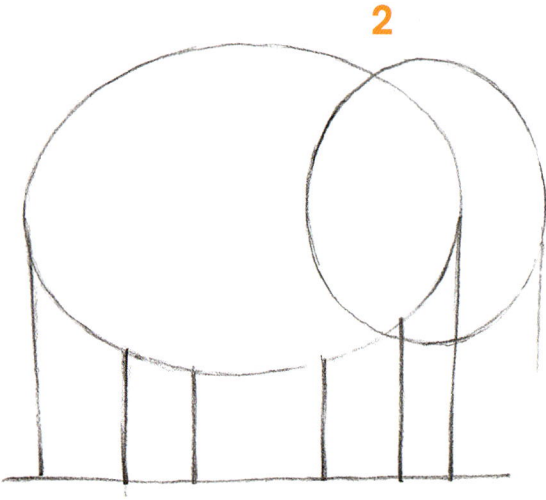

2 Für die Beine zeichnen wir vorn und hinten drei Striche. Sie enden auf der langen, geraden Linie für den Boden. Der kurze Strich vorn am Kopf zeigt, wo der Rüssel anfängt.

3 Den kurzen Strich am Kopf zeichnen wir als Bogen weiter. Darunter kommt ein zweiter Bogen – fertig ist der Rüssel! Die Striche unten an den Beinen werden die Füße.

3

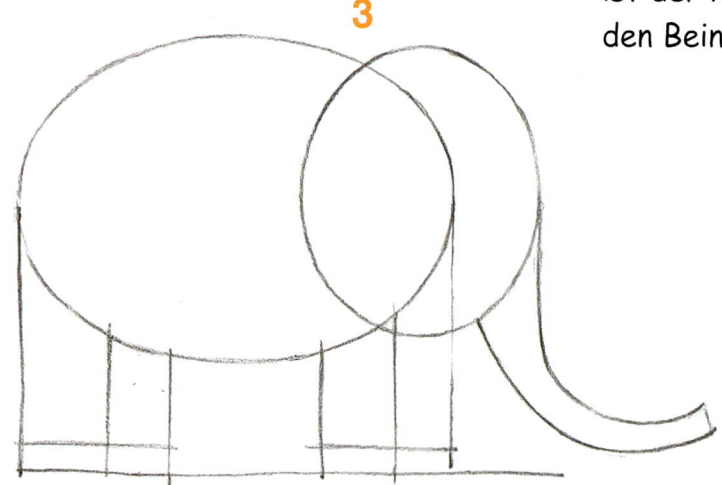

4 Den großen Tropfen für das Ohr zeichnen wir dorthin, wo die beiden Ovale für Kopf und Körper sich treffen. Dann braucht der Elefant noch Auge, Mund, Zehen und einen Pinselschwanz. Die Umrisse fahren wir kräftig nach und wischen die Hilfslinien mit dem Knetgummi weg.

Wir malen alles hellgrau aus. Dafür können wir auch den schwarzen Buntstift nehmen, wenn wir nur sachte andrücken. Die dunklen Schatten malen wir kräftiger nach. Zuletzt zeichnen wir noch trockenes, gelbes Gras.

Löwe

Ein Kasten und ein Kreis: Daraus wird der mächtige Löwe. Mit einer wilden Mähne ist es ein Löwenmännchen, ohne Mähne ein Löwenweibchen.

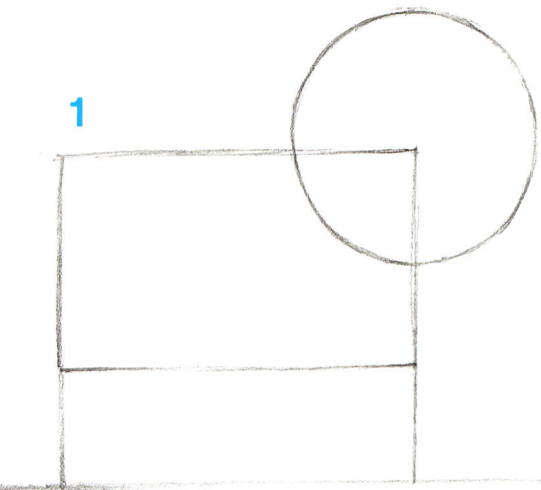

1 Wir zeichnen ein großes, liegendes Rechteck. Das wird der Körper. Wir setzen an das rechte Eck einen Kreis. Unten zeichnen wir den Boden und verlängern den Kasten mit zwei senkrechten Strichen.

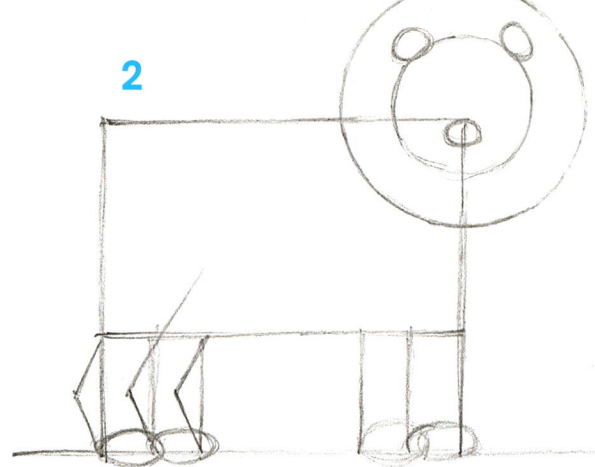

2 Wir zeichnen noch einen kleineren Innenkreis für den Kopf. Oben ergänzen wir die beiden Ohren, auf der Ecke sitzt die Nase. Die Beine werden zuerst alle gerade. Dann zeichnen wir hinten Winkel ein. Für jede Pfote brauchen wir ein kleines Oval.

3 Wir zeichnen den Schwanz und das Löwengesicht. Dann kommen die Umrisse des Körpers dran. Er hat ringsherum rundliche Formen. Wir ziehen alle Linien des Löwen kräftig nach. Dann wischen wir mit dem Knetgummi die Hilfslinien weg. Den Kreis außen um den Kopf radieren wir auch weg.

Vielleicht zeichnen
wir zu dem Löwen
noch eine Löwin dazu?
Sie hat keine Mähne.
Deshalb zeichnen wir nur
den Kreis für den Kopf.
Alles andere ist gleich.

Der Löwe wird zuerst ganz gelb. Dann malen
wir mit etwas Braun darüber. Die Mähne malen
wir mit vielen, braunen Strichen von innen nach
außen. Für die Ohren und die Nase nehmen wir
Rosa. Wer will, kann die Umrisse noch einmal
mit dem dunkelbraunen Stift nachfahren.
Dann leuchten die Farben richtig!

Banane

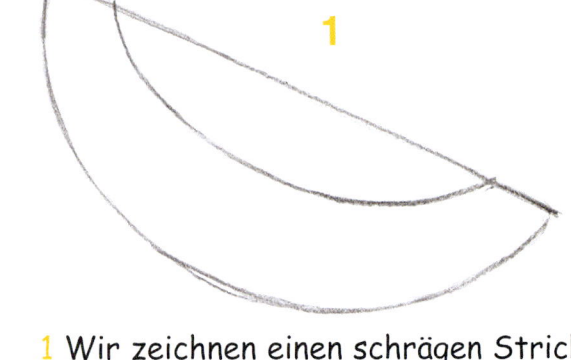

Die Banane ist krumm, aber wie krumm genau? Beim Zeichnen helfen uns hier drei Kreisbögen.

1 Wir zeichnen einen schrägen Strich und unten einen großen Bogen daran. In diesen Halbkreis setzen wir noch einen kleineren Bogen.

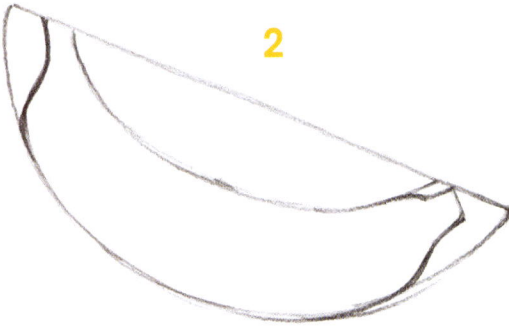

2

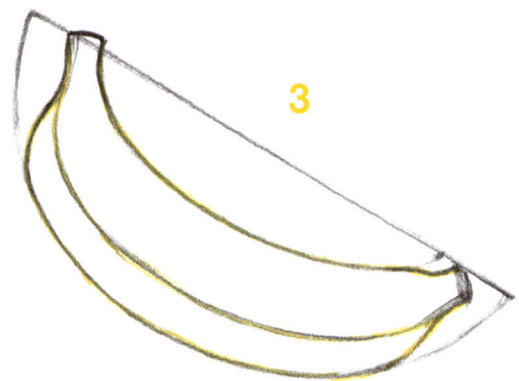

3

2 Wir ziehen die Bögen nach. Dabei zeichnen wir vorn und hinten Schwünge nach innen und ein stumpfes Ende.

3 Nun kommt noch ein Bogen dazu. Die Linien der Banane malen wir mit Gelb und die Enden mit Dunkelbraun nach. Die Bleistiftstriche radieren wir weg.

Wir malen zuerst die ganze Schale gelb an. Dann malen wir mit Orange über die Unterseite. Der Stiel bekommt noch etwas Hellgrün.

Palme

Alle Äste der Palme wachsen aus einer einzigen Stelle oben am Stamm — wie Strahlen, aber nach unten gebogen.

1

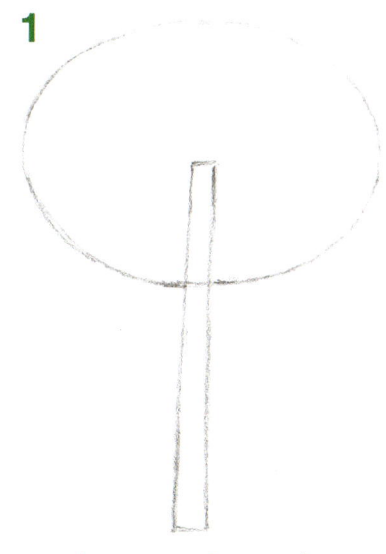

2

1 Wir zeichnen ein liegendes Oval. Genau in der Mitte fängt der Stamm an: ein ganz dünnes, langes Rechteck.

2 Vom Stamm weg zeichnen wir rundherum Schwünge nach außen, aber nur bis zum Rand des Ovals. Das werden die Äste.

Wir ziehen jeden Ast kräftig in Braun nach. Den Stamm malen wir so aus, dass das Papier in der Mitte noch durchschimmert. Wir zeichnen gebogene Querstriche auf den Stamm. Dann setzen wir mit kurzen Strichen die Blätter an die Äste. Den Boden unter der Palme malen wir zuerst gelb an und gehen dann mit Hellbraun darüber. Den Schatten unten am Stamm malen wir mit Dunkelbraun.

Papagei

Farbe her, bitte sehr! Damit der Vogel wie ein richtiger Papagei aussieht, zeichnen wir ihn mit drei Ovalen und ein paar Strichen vor.

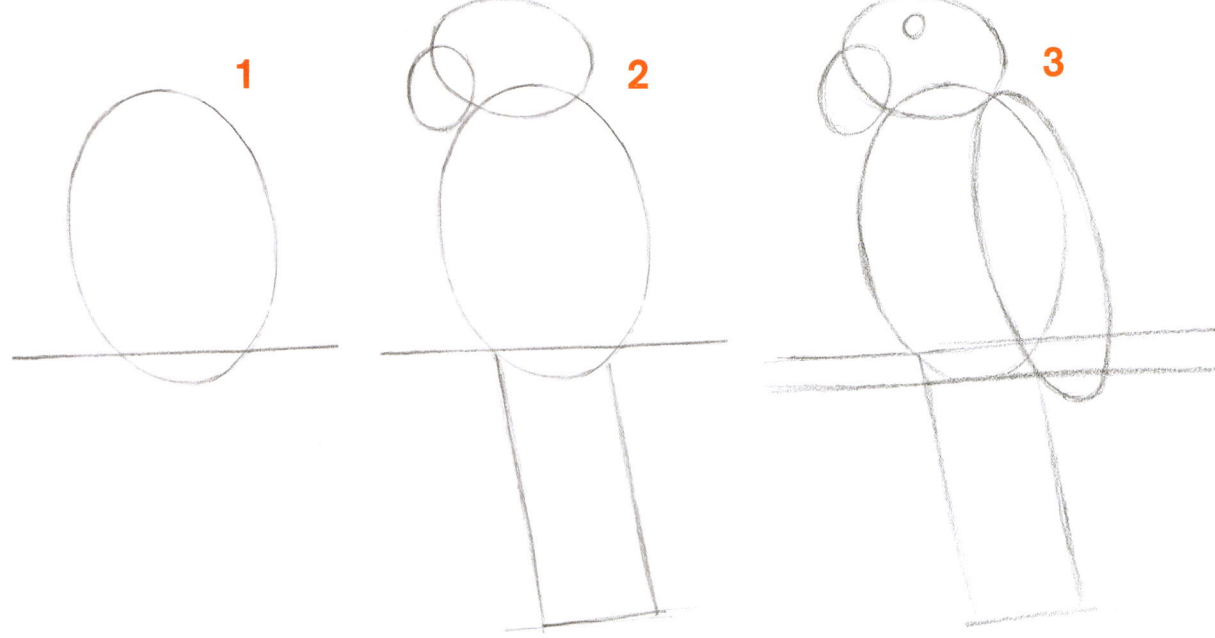

1 Wir zeichnen ein stehendes Oval ein wenig schräg auf einen Strich.
2 Oben zeichnen wir zwei kleine Ovale für Kopf und Schnabel. Das Rechteck unten steht genauso schräg wie der Körper.
3 Nun zeichnen wir einen zweiten Strich für die Stange und das Auge. Ein langes Oval bildet den Flügel.
4 Wir fahren die Umrisse farbig nach und zeichnen dabei noch genauer den Schnabel, die Krallen und die Federn ein. Dann wischen wir mit dem Knetgummi über die Zeichnung und lassen die Hilfslinien verschwinden.

Papageien gibt es in allen Farben. Hier nehmen wir Blau für den Kopf, den Hals, den Flügel und das Schwanzende. Den Bauch malen wir zuerst vom Kopf bis zum Schwanz hinunter ganz gelb aus. Da, wo wir am Hals und Schwanz über das Blau malen, werden die Federn grün. Warum? Weil Blau und Gelb zusammen Grün ergeben. Die Brust und der Schnabel werden orange, die Stange braun, die Krallen und das Auge schwarz.

Nilpferd

Diesen dicken Burschen wollen wir so zeichnen, dass er sich zu uns herdreht. Wir sehen das Gesicht von vorn und den Körper schräg von der Seite. Da müssen wir besonders achtgeben, wo der Kopf und die Beine hinkommen!

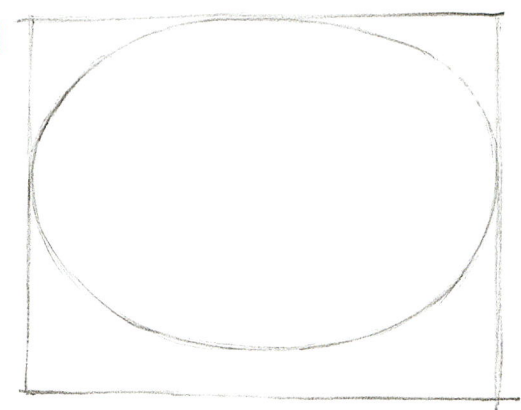

1 Wir zeichnen ein großes Rechteck und oben ein liegendes Oval hinein.

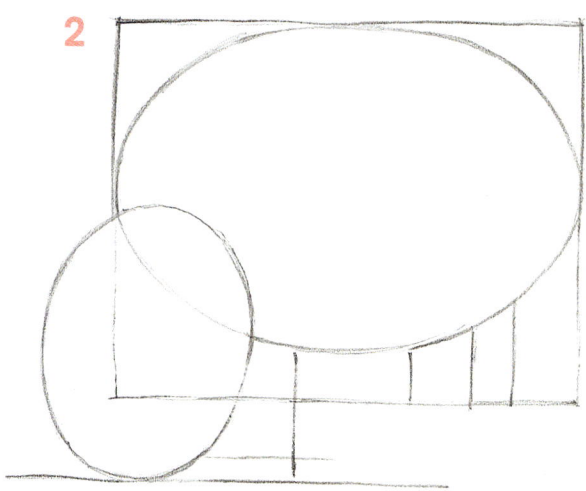

2 Unter das Rechteck zeichnen wir eine Linie für den Boden. Darauf steht das Oval für den Kopf, und zwar ein ganz klein wenig schräg. Die kurzen Striche daneben zeigen, wo das Vorderbein endet. Die Striche für die Hinterbeine sitzen im Rechteck drin.

3 Die Schnauze steht auf der Bodenlinie, ist unten platt und sieht aus wie ein Dreieck mit runden Ecken. Jetzt brauchen wir Ohren, Augen und Nüstern.

58

4

4 Dann fahren wir die Umrisse nach und runden dabei die Beine ab. Hilfs- linien radieren wir weg.

Ein Nilpferd malen wir mit Bleistift aus. Wenn wir mehr Farben verwen- den, ist das schwieriger, sieht aber schön aus: Zuerst malen wir das Nil- pferd leicht mit einem dunkelblauen Buntstift an. Einige Stellen an Kopf und Rücken bleiben so. Die anderen Stellen übermalen wir mit Lila, Schwarz und ein wenig Rot. Mit Lila gehen wir dann noch einmal kräftig über Stellen, die besonders dunkel werden sollen. So bekommt das Nil- pferd runde Formen. Zum Schluss nehmen wir Rosa für die Ohren und Grün für den Boden.

Blüten

Bei der einen Blume sind die Blütenblätter kurz und rund, bei der anderen lang und spitz. Sie sitzen aber bei beiden schön regelmäßig im Kreis, und wir müssen sie deshalb vorher gut einteilen.

1

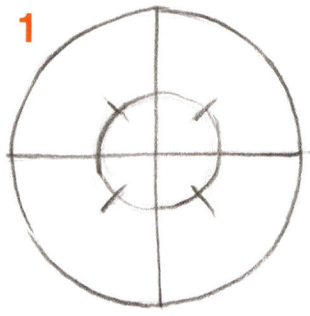

2

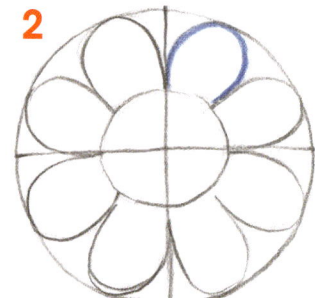

2 In jedes Feld zeichnen wir zwei Blütenblätter und ziehen sie kräftig mit Farbe nach. Die feinen Hilfslinien radieren wir

1 Wir zeichnen einen Kreis. Das wird der Rand der Blüte. Und einen kleinen Kreis in die Mitte. Mit zwei Strichen teilen wir den großen Kreis in vier Felder auf und markieren die Stellen, die in der Mitte liegen.

Wir malen den Kelch gelb aus und geben ihm einen breiten roten Rand: Außen ist er kräftiger rot, nach innen wird er schwächer. Die Blütenblätter malen wir blau aus und zeichnen dann kurze, kräftige Striche hinein – immer von innen nach außen. Zum Schluss ergänzen wir den grünen Stängel.

1

2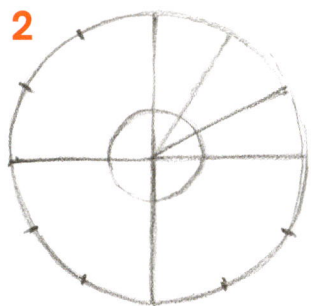

3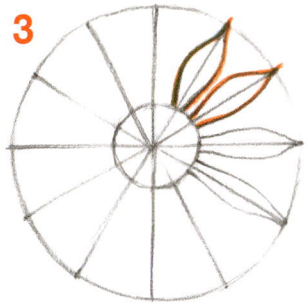

1 Wir zeichnen einen großen Kreis und setzen einen zweiten Kreis hinein, der viel kleiner ist als bei der blauen Blume.

2 Mit zwei Strichen teilen wir den Kreis in vier Felder. In jedes Viertel zeichnen wir außen zwei kurze Striche als Markierung und verbinden die Striche mit der Mitte.

3 Entlang der Striche zeichnen wir ringsum ein Blütenblatt nach dem anderen ein. Wir ziehen die Blütenblätter kräftig nach und wischen alle anderen Linien weg.

Wir malen alle Blütenblätter gelb aus. Dann zeichnen wir mit einem orangefarbenen Stift Striche hinein — immer von innen bis zur Mitte. Das Innere malen wir hellbraun aus und zeichnen ein Gitter darüber. Zuletzt malen wir mit Schwung den grünen Stängel und das Blatt.

Kleeblatt

Die meisten Kleeblätter haben nur drei Blätter. Wer eins mit vier Blättern findet, hat Glück gehabt. So einen Glücksklee wollen wir auch zeichnen!

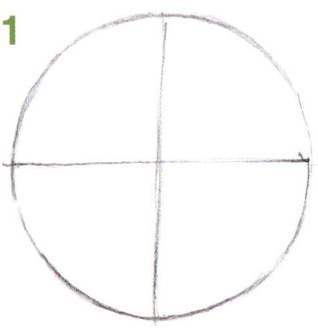

1 Wir zeichnen einen Kreis und teilen ihn mit zwei Strichen in vier Felder.

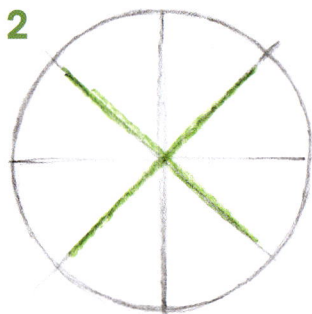

2 Nun teilen wir den Kreis noch einmal. Die schrägen Striche ziehen wir dick nach, aber nicht ganz bis zum Rand. Das werden die Blattadern.

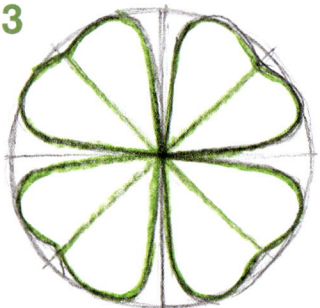

3 In jedes Feld zeichnen wir ein herzförmiges Kleeblatt um die Ader herum. Dann wischen wir mit dem Knetgummi über die Zeichnung. Die Bleistiftstriche verschwinden.

Wir zeichnen einen Bogen für den Stängel und malen die Blätter aus: auf der einen Seite dunkler, auf der anderen heller.

Herz

Was ist das Besondere an einem Herz? Man malt es für seine Freunde! Und es hat zwei gleiche Hälften.

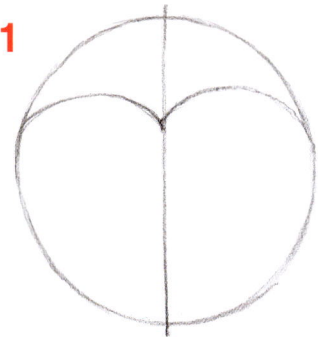

1 Wir malen einen Kreis und teilen ihn der Länge nach durch. Oberhalb der Mitte zeichnen wir zwei Bogen.

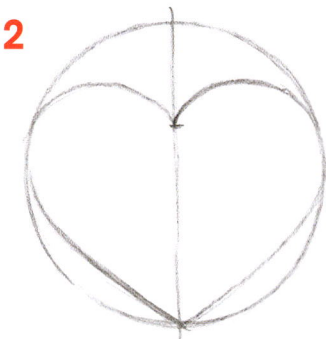

2 An den Seiten zeichnen wir die Linien ein wenig nach innen.

3 Die Herzumrisse ziehen wir kräftig in Rot nach. Die dünnen Hilfslinien radieren wir weg.

Beim Ausmalen drücken wir zuerst nur wenig auf. Dann malen wir in der gleichen Farbe kräftig dar-über und lassen eine Seite oben heller. Diese Stelle sieht dann so aus, als würde Licht auf sie fallen — und das ganze Herz wirkt schön rund.

63

Delfin

Mit viel Schwung springt der Delfin aus dem Wasser. Er biegt sich dabei ganz durch! Um seinen Körper mit den kleinen Flossen daran zu zeichnen, brauchen wir schon ein bisschen Übung und müssen genau hinsehen.

1 Wir zeichnen einen langen, geraden Strich und mit Schwung einen Bogen darüber. Vorn geht die Kurve steil nach oben, hinten wird sie flacher.

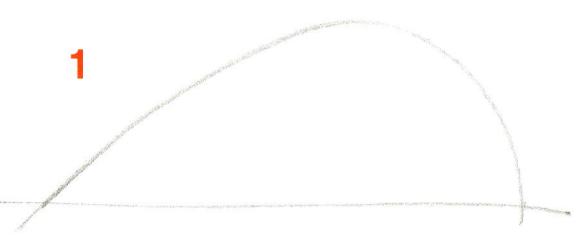

2 Darunter zeichnen wir einen flacheren Bogen für den Bauch. Hinten setzen wir einen schrägen Strich an, der einen kleinen Bogen darüber hat. Das wird die Fluke: So heißt beim Delfin die Schwanzflosse. Vorn zeichnen wir ein Oval für den Schnabel.

3 Nun zeichnen wir ein Dreieck für die Rückenflosse und zwei für die Flipper: Das sind die Brustflossen.

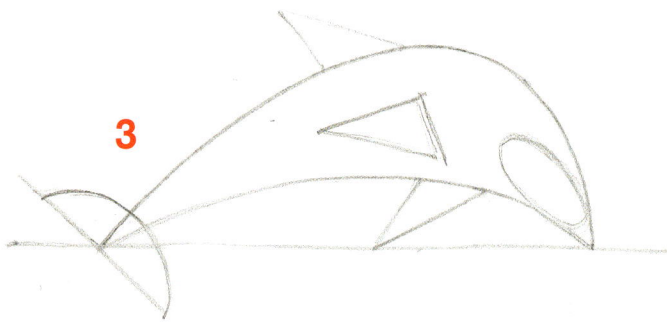

4

4 Den Rücken und den Bauch können wir genau nachfahren. An der Stirn hat der Kopf eine Delle, und vorn wird der Schnabel rund. Für das Auge zeichnen wir bloß einen Punkt. Dann machen wir die Flossen etwas runder. Die anderen Linien wischen wir weg.

Wir ziehen die Delfinlinien mit einem dunkelblauen Stift nach. Dann malen wir den Delfin leicht aus. Das Papier darf dabei ruhig durchschimmern. Zum Schluss malen wir noch einmal kräftig mit Blau über die Unterseite.

Seepferdchen

Seepferdchen sind sonderbare Fische, weil sie aufrecht im Wasser schwimmen. Unten dreht sich der Schwanz ein, und oben nickt der Kopf wie bei einem Schaukelpferd.

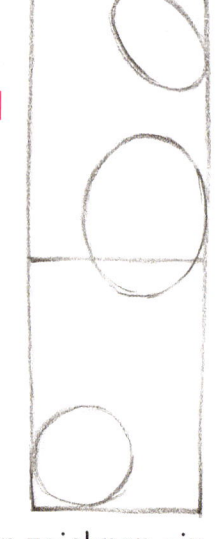

1 Wir zeichnen ein hohes Rechteck und teilen es in der Mitte. Die Ovale und der Kreis zeigen, wo Kopf, Bauch und Schwanz hinkommen.

2 Den Rücken zeichnen wir mit einer lang gezogenen S-Kurve vom Hinterkopf bis zum Schwanz hinunter. Vorn verbinden wir die Ovale und den Kreis auch in einem Schwung.

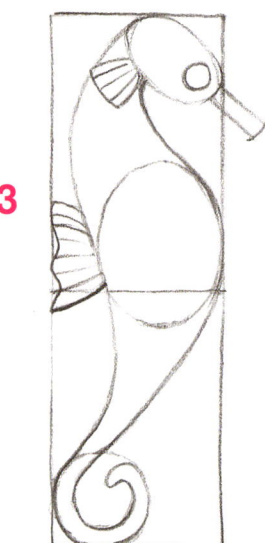

3 Nun zeichnen wir den Rüssel, das Auge und die Flossen ein. Der Schwanz ringelt sich ein Stück weit um den Kreis.

Wir fahren die Umrisse nach und zeichnen rundherum kleine Zacken ein. Nur Rüssel und Schwanzspitze bleiben glatt. Dann malen wir das Seepferdchen gelb aus — vorn etwas heller, am Rücken etwas kräftiger. Die Flossen bekommen Streifen in Orange, und wir setzen einen Punkt in das Auge.

Fisch

Was wird aus der Form mit den beiden Ovalen: eine Blüte? Oder doch lieber ein Fisch?

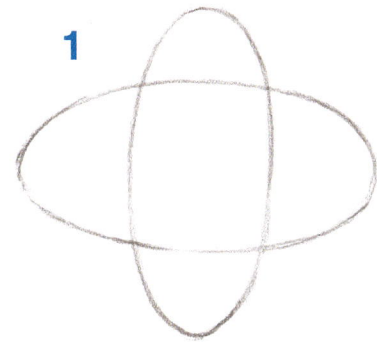

1 Wir zeichnen zwei gleich große Ovale: ein liegendes für den Körper und ein stehendes für die Flossen.

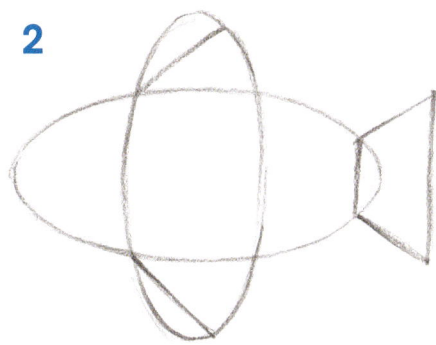

2 Oben und unten zeichnen wir einen schrägen Strich in die Form. Hinten setzen wir die Schwanzflosse an.

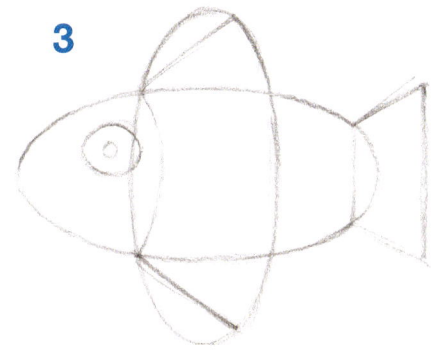

3 Jetzt zeichnen wir das runde Auge mit einem winzigen Kreis darin. Für den Kopf zeichnen wir einen Bogen. Nun fahren wir alle Umrisse nach und wischen die anderen Linien weg.

Mit einem grünen Buntstift zeichnen wir den Fisch noch einmal nach und malen Streifen in die Flossen. In der Mitte ziehen wir eine gebogene Trennlinie. Die Flossen malen wir ganz leicht mit dem grünen Stift aus, den Körper in kräftigen Farben. Zum Schluss ergänzen wir den Mund.

Pinguin

Gleich watschelt der Pinguin über die Eisscholle und springt ins Wasser!

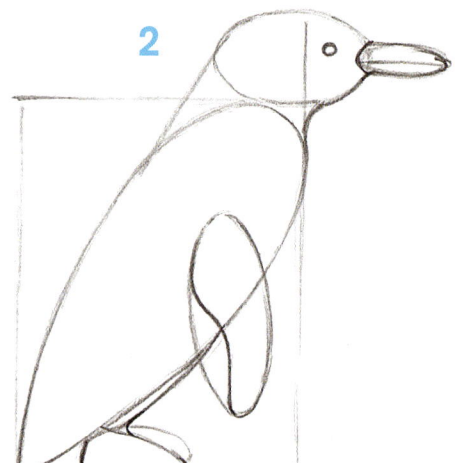

1 Wir zeichnen ein stehendes Rechteck mit einem Oval, das unten eine Spitze hat. Oben auf die Ecke zeichnen wir Ovale für den Kopf und den Schnabel. Auch die Flosse und der Fuß sind Ovale.

2 Wir verbinden Körper und Kopf hinten mit einem geraden Strich und vorn mit einem kleinen Schwung. In die Flosse kommt eine Kurve. Eine Linie führt vom Bauch über den Fuß zum Boden. Das Auge ist ein kleiner Kreis. Die Hilfslinien radieren wir weg.

Beim Pinguin ist alles schwarz oder weiß, nur Schnabel und Fuß sind gelb. Zum Ausmalen nehmen wir am besten einen ganz weichen Bleistift. Dann wird das Federkleid glatt. Beim Auge lassen wir ein weißes Pünktchen frei. Die Eisscholle wird hellblau.

Pelikan

Der Sack unter dem Schnabel ist voll und schwer: Unser Pelikan hat sich einen Fisch aus dem Wasser geholt!

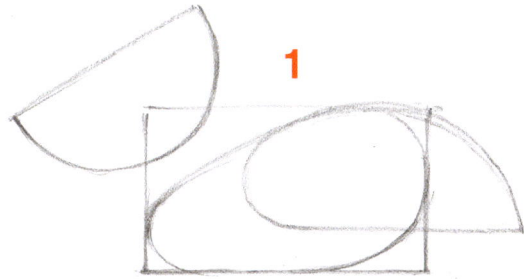

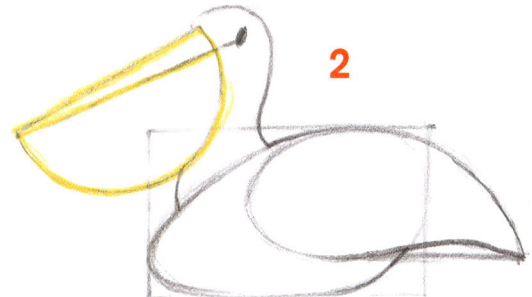

1 Wir zeichnen ein liegendes Rechteck mit einem Oval, das hinten dick, vorn dünn und unten flach ist. Ein schräg gestellter Halbkreis bildet den Schnabel. Der Flügel hat ein spitzes und ein rundes Ende.

2 Nun zeichnen wir einen Bogen für Kopf und Hals und verbinden ihn mit dem Flügel. Der bekommt auch einen leichten Schwung. In den Schnabel zeichnen wir oben eine schräge Linie und verlängern sie zart bis zum Auge.

Wir zeichnen die Umrisse des Pelikans kräftig nach und ergänzen noch die Wellen. Der Schnabel wird hellgelb mit roten Strichen. Am Bauch, Hals und Flügelrand stricheln wir mit Blau. Zum Schluss malen wir das Wasser aus.

Seehund-Baby

Der kleine Seehund liegt am Ufer und wartet gespannt, bis seine Mutter aus dem Wasser kommt. Er möchte Milch bei ihr trinken. Wenn er sie ruft, klingt das wie Weinen. Deshalb nennt man Seehund-Babys auch Heuler.

1

2

1 Wir zeichnen ein liegendes Oval. Wir setzen mit zwei Strichen ein Kreuz daran.
2 In die rechte obere Ecke zeichnen wir ein kleines, schräges Oval. Das wird der Kopf.
3 Den Kopf und den Körper verbinden wir mit zwei Kurven. Bei der Stirn zeichnen wir ein wenig in den Kreis hinein, bei der Schnauze ein wenig darüber hinaus. Die Ovale am Bauch zeigen, wo die Flossen hinkommen.

3

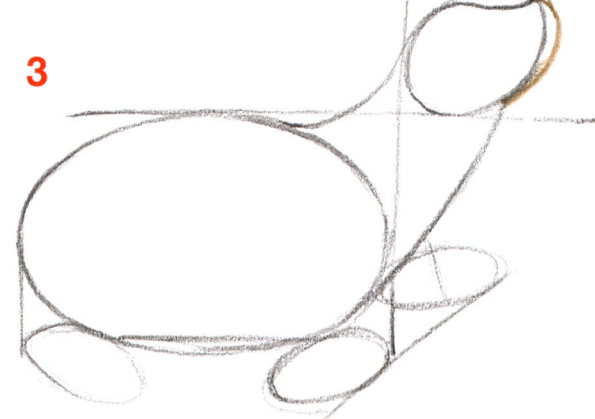

4 Wir zeichnen das Auge, die Nase und das Ohr. Die Flossen werden gerader und bekommen Streifen für die Zehen. Wir fahren die Umrisse kräftig nach und wischen dann mit dem Knetgummi über die Zeichnung, bis die feinen Linien verschwinden.

Der Seehund hat ein glattes, glänzendes Fell. Das malen wir mit zwei Farben: Braun und Blau. Zuerst malen wir alles ganz leicht mit Blau aus. Das Weiß vom Papier soll dabei noch durchschimmern. Dann malen wir ein- oder zweimal kräftig über die Stellen, wo der Körper dunkler werden soll: erst mit Blau und an Bauch und Rücken auch mit Braun. So sieht der Seehund ganz rund aus. Im Auge lassen wir einen hellen Punkt frei. Zum Schluss zeichnen wir mit Bleistift die Barthaare und den Mund.

Segelboot

Unten ein Bogen, oben ein Mast und zwei Dreiecke, Wasser und Wellen: Schön fährt das Segelboot.

1 Wir zeichnen einen geraden Strich und darunter einen Bogen. Weil das Boot hinten höher ist, zeichnen wir links über den Bogen hinaus.

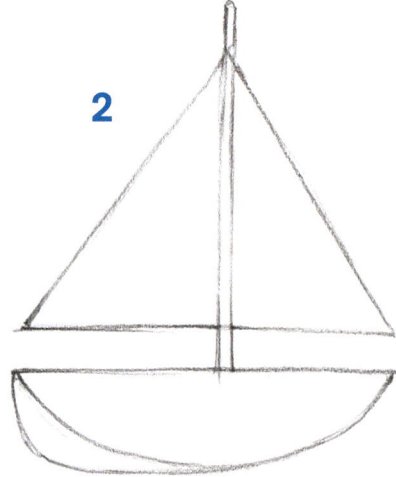

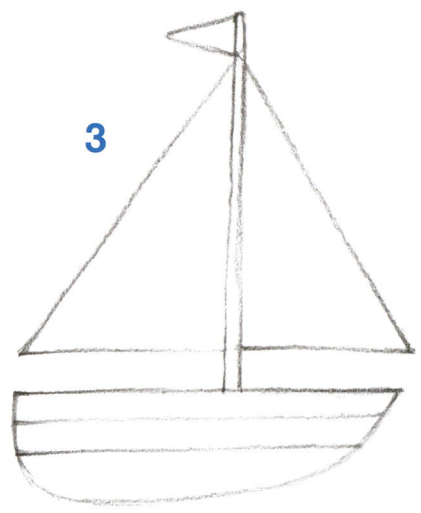

2 Auf den Rumpf zeichnen wir den Mast. Er sitzt nicht genau in der Mitte, sondern etwas weiter vorn. Die Segel sind Dreiecke. Den flachen Bogen am Heck radieren wir aus.

3 Oben sitzt der Wimpel. Dann zeichnen wir Streifen in den Rumpf.

Wir malen Wimpel, Mast und Segel an und schreiben eine Nummer hinein. Unten zeichnen wir eine blaue Wellenlinie über den Rumpf. Oberhalb der Wellen malen wir die Streifen kräftig aus. Unterhalb nehmen wir die gleichen Farben, drücken aber nur leicht auf. Zum Schluss malen wir alles Wasser blau. Nun können wir den Rumpf auch noch unter Wasser erkennen.

Kleiner Pirat

Mit zwei Kreisen auf zwei Strichen fangen wir an. Bald steht der Pirat da: mit dem Säbel im Gürtel und den Händen in der Tasche.

1

2

3

1 Wir zeichnen einen Strich für den Boden und einen Strich nach oben. Darauf setzen wir einen großen Kreis und einen kleineren für den Kopf.

2 Der schräge Strich über dem Kopf wird das Kopftuch. Dann zeichnen wir die Ohren, den Gürtel und zwei gerade Striche von den Achseln bis zum Boden. Der Querstrich zeigt, wo die Hose endet.

3 Wir zeichnen die Zacken der Hose, darunter die Beine und die Schuhe. Das Kopftuch bekommt Zipfel. Nun fehlen noch das Gesicht und der gebogene Piratensäbel. Neben den Armen wird die Hose schmäler, sodass der Pirat die Hände in die Hosentaschen stecken kann.

Wir malen alles bunt aus. Zum Schluss zeichnen wir die struppigen Haare, Bartstoppeln und Bäckchen.

73

„Willkommen im kunterbunten Märchenland!", rufen der Prinz und die Prinzessin.

Prinz ...

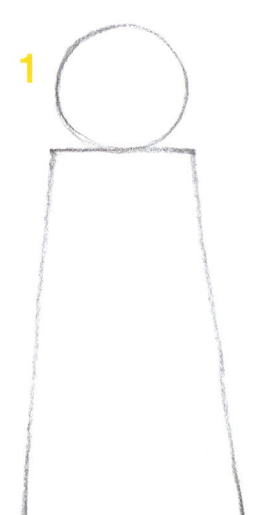

1

2

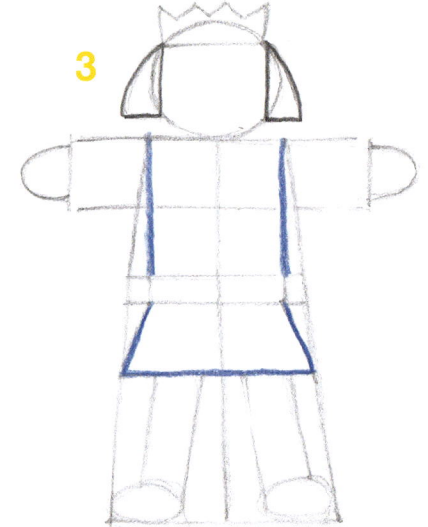

3

1 Wir zeichnen ein hohes Viereck, das oben schmäler ist als unten. Darauf setzen wir einen Kreis für den Kopf.

2 Rechts und links zeichnen wir die Ärmel. Wir teilen die Form mit einem geraden Strich. Quer dazu sitzen Striche für den Gürtel und den Rock.

3 Wir ergänzen Hände, Beine, Füße und Krone. An den blauen Linien sehen wir, wie wir die Haare und das Gewand zeichnen müssen. Wir können die Umrisse jetzt nachziehen. Die anderen Linien wischen wir weg.

Wir malen die Kleider in unseren Lieblingsfarben aus. Die Haare werden schwarz, die Hände und das Gesicht rosa. Am Schluss zeichnen wir Augen, Nase, Mund und die Daumen ein.

... und Prinzessin

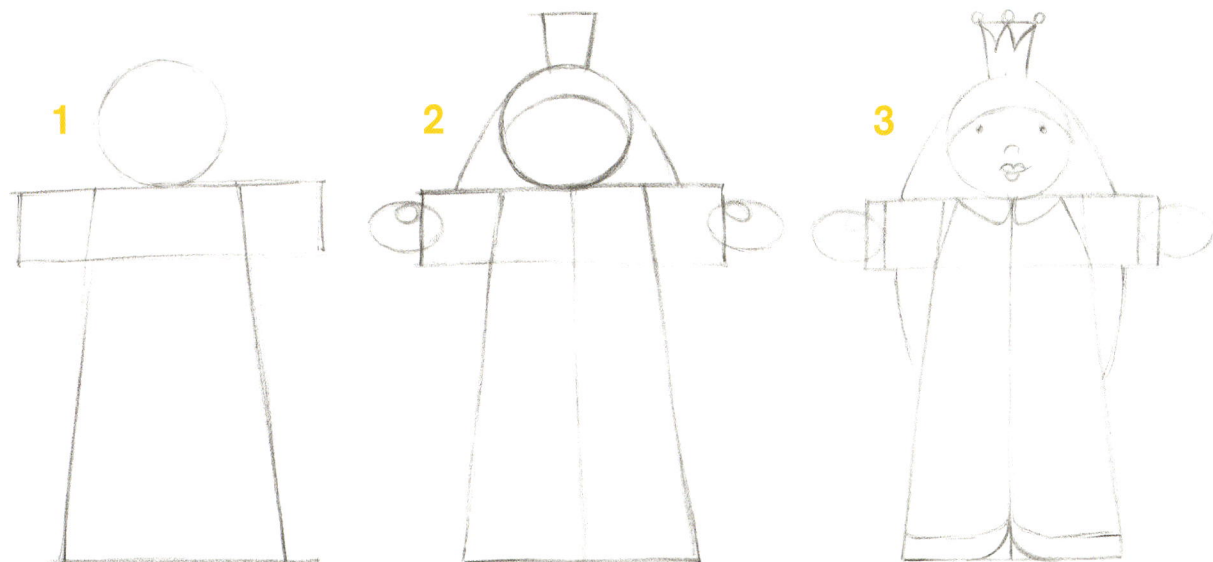

1 Wir fangen wie beim Prinzen an und zeichnen auch gleich die Ärmel ein.
2 Am Kopf zeichnen wir einen kleinen Becher für das Krönchen und zwei Bögen für die Haare. Die Hände mit den Daumen sind kleine Ovale. Das Kleid teilen wir mit einem geraden Strich.
3 Nun zeichnen wir Kragen, Ärmel und Saum. Die Krone bekommt Zacken mit Perlen. Die Linien, die wir noch brauchen, fahren wir kräftig nach und radieren die anderen Linien weg.

Wir malen alles aus: die Hände und das Gesicht rosa, die Krone gelb, das Haar orange und das Kleid blau. Kragen und Saum lassen wir weiß. Zuletzt zeichnen wir Augen, Nase und Mund und malen der Prinzessin rote Bäckchen.

Flugzeug

Pfeilgerade fliegt das Flugzeug durch die Luft! Schön sieht es aus, wenn wir es schräg von oben zeichnen.

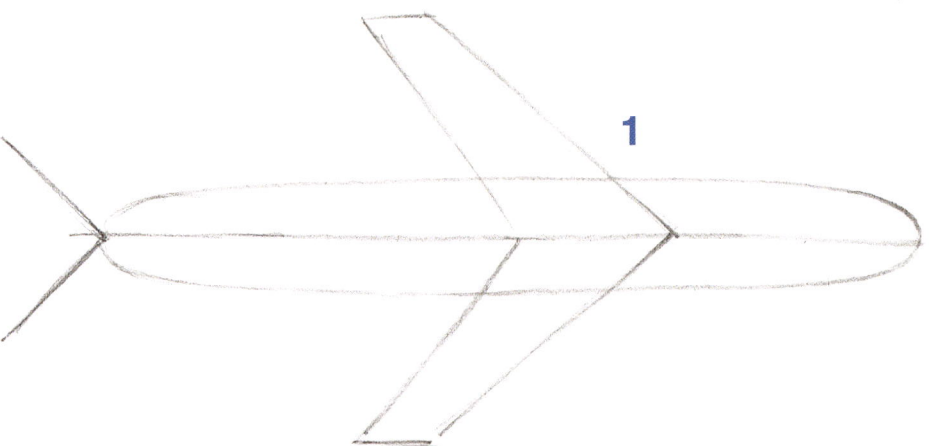

1

1 Wir zeichnen eine lange, gerade Linie. Sie hilft uns dabei, ein langes Oval zu zeichnen, wie eine dünne Gurke. Für die Flügel zeichnen wir zwei schräge Striche. Dahinter zeichnen wir zwei kürzere schräge Striche. Außen schließen wir die Flügel mit kurzen Strichen. Am Heck zeichnen wir eine kleine Ecke vor.

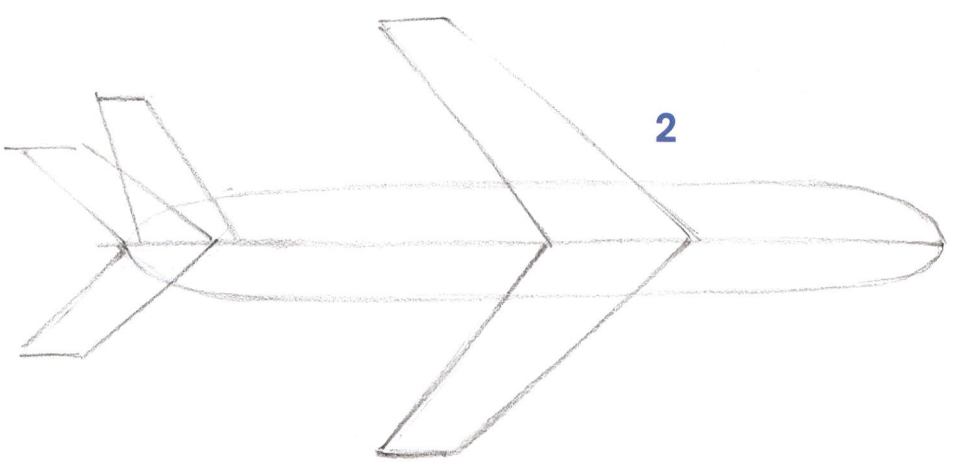

2

2 Die kurzen Flügel am Heck nennt man das Höhenruder. Wir zeichnen es so wie die Flügel vorn, nur kürzer und vorn und hinten ungefähr gleich breit. Außerdem zeichnen wir auf die Mittellinie am Heck eine Art Rückenflosse. Sie heißt beim Flugzeug Seitenruder. Mit dem Seitenruder steuert der Pilot sein Flugzeug nach links oder rechts, mit dem Höhenruder nach oben oder unten.

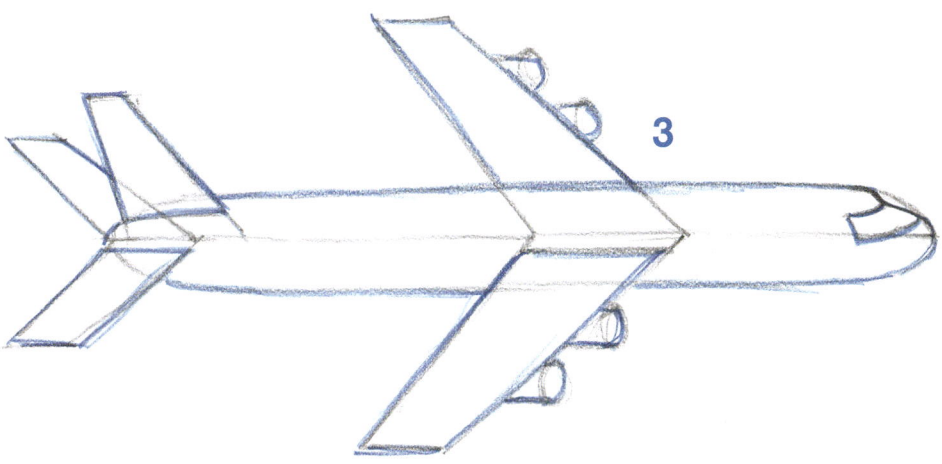

3 Wir ziehen die Umrisse des Flugzeugs kräftig in Blau nach. Aufpassen beim Heck: Nur die Linien nachziehen, die nicht vom Seitenruder verdeckt sind! Unter die Flügel zeichnen wir die Turbinen und vorn am Bug das Cockpit.

Nun fehlen noch die Fenster: Sie sitzen auf der mittleren Linie. Wir malen sie blau und lassen überall einen weißen Punkt frei. Auch das Fenster vorn, die Turbinen und den Bauch des Flugzeugs malen wir blau an. Am Schluss zeichnen wir die roten Streifen auf die Flügel.

Impressum

Konzeption: Alex Bernfels und
Norbert Landa
Illustrationen: Alex Bernfels
Redaktion: Erika Schuler-Konietzny
Lektorat: Mareike Ahlborn
Grafik und Layout: Yulia Vershinskaya
Umschlag: Aurélie Lambrecht
Satz: GrafikBüro, Alice Timmler
Litho: GrafikwerkFreiburg
Druck und Bindung: Bilnet Printing,
Istanbul

5. Auflage 2011

ISBN 978-3-8388-3169-5
Art.-Nr. CV3169

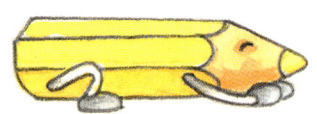